GABRIELE ROMAGNOL

Solo bagagli a mano

© Giangiacomo Feltrinelli Editore Milano
Prima edizione in "Varia" settembre 2015
Prima edizione nell'"Universale Economica" gennaio 2017
Seconda edizione marzo 2017

Stampa Nuovo Istituto Italiano d'Arti Grafiche - BG

ISBN 978-88-07-88865-6

www.feltrinellieditore.it
Libri in uscita, interviste, reading,
commenti e percorsi di lettura.
Aggiornamenti quotidiani

razzismobruttastoria.net

UNIVERSALE
ECONOMICA
FELTRINELLI

Solo bagaglio a mano

Sono stato al mio funerale...

Sono stato al mio funerale e ho imparato qualcosa sulla vita. Poche cose, ma quando sono tornato al mondo, facendone tesoro, ho campato meglio.

La cerimonia ha avuto luogo a Naju, nel Sud della Corea del Sud, una mattina di fine novembre. Si è conclusa con le parole: "Hai avuto una vita faticosa, è ora che ti riposi". Poi hanno chiuso la mia bara con quattro colpi di martello sui chiodi, gettato una manciata di terra sul coperchio e se ne sono andati. Sono rimasto lì, nel buio del tempo, pensando a tutto quel che era stato, a quel che non sarebbe stato più, accettandolo come accettavo di essere finito, davvero finito, lì.

Il viaggio era cominciato in aereo, un giorno di luglio. A bordo, sfogliando il "Financial Times", avevo letto che la Corea del Sud detiene il record mondiale di suicidi: una media di trentatré al giorno. E che, per scoraggiarne la diffusione, si erano inventati perfino i falsi funerali. Grosse società come la Samsung o la Allianz pagavano perché i loro dipendenti passassero una giornata, anziché al lavoro, a dire addio a se stessi, nella speranza che poi non lo facessero veramente. C'era un'apposita organizzazione, chiamata Korea Life Consulting, che provvedeva a tutto. Aveva già celebrato cinquantamila riti. Il numero cinquantamila e uno, ho pensato mentre atterravamo, voglio essere io. Non perché abbia mai avuto, o pensi che mai avrò, la tentazione di suicidarmi. Piuttosto per capire se, pur attraverso una messinscena, la sensazione della fine aiuta ad afferrare qualcosa, anche solo un'inezia, del banalizzato "senso della vita", se fornisce qualche istruzione per l'uso.

Così, eccomi su un altro aereo, per Seoul. E da lì su un altro ancora, per Gwangju. E da lì su un taxi per mezz'ora, fino a Naju. L'automobile si inoltra in una selva di condomini numerati. Piove a dirotto. Il cielo è grigio senza remissione. Il navigatore satellitare si è arreso. Un passante ci indica la sede della Korea Life Consulting: è all'interno di un anonimo palazzo di uffici, protetto da una sbarra all'ingresso.

Un uomo gentile chiamato canzone, Song, mi aspetta con l'ombrello aperto e mi conduce in una stanza dove conoscerò il fondatore della società: il signor Ko Min-su. Ha quarant'anni. Viene dal settore assicurativo. La sua esistenza è stata segnata dalla morte in giovane età di entrambi i fratelli maggiori, il primo in un incidente aereo, il secondo in auto. La sopravvivenza lo ha marchiato e riempito di dubbi a cui cerca di dare risposta con questa attività. Rinvia ogni altro argomento a "rinascita" avvenuta e mi suggerisce di procedere.

Andiamo in una seconda stanza, molto più grande, arredata come un'aula scolastica, con tanti banchi, una cattedra e la lavagna luminosa. Mi viene scattata una fotografia che verrà prontamente stampata e infilata in una cornice di crisantemi gialli e nastri neri. Siedo a un banco e assisto alla lezione che precede la cerimonia. Ko Min-su mostra un video che ha realizzato per l'occasione. Si vede una madre in sala parto. Il bambino che nasce viene esploso dal suo utero, sfonda il vetro e, urlando, vola in aria. Senza smettere di volare né di urlare diventa un ragazzo, poi un uomo. Il cielo intorno a lui cambia colore, la terra attraversa le stagioni, l'uomo perde i capelli, poi i denti, è un vecchio, è inverno, è l'ora del tramonto, si schianta – non entra, si schianta – in una tomba. Sono passati venti secondi, appare la scritta *Life is short*, la vita è breve. Ko Min-su mi guarda e dice: "Non sai mai quando accadrà. Nel tuo caso finisce ora, pensi di essere pronto? Di aver usato al meglio il tempo che ti è stato concesso?". Sono domande retoriche. Nessuno mai ha risposto sì. Non uno su cinquantamila e uno.

Sulla lavagna passa un lucido. Hanno intervistato cento uomini vissuti fino all'età di ottant'anni. In media, così hanno speso la propria esistenza: 23 anni a dormire, 20 a lavorare, 6 a mangiare, 5 a bere e a fumare, altri 5 aspettando un appuntamento, 4 a pensare, 228 giorni a lavarsi la faccia e i denti, 26 giocando con i figli, 18 a farsi il nodo alla cravatta. E, da ultimo, 46 ore di felicità. La scritta rimane accesa, nessun commento, silenzio. Una vita: *46 ore di felicità*. Abbassano le luci, mettono una candela sul banco, portano la mia fotografia listata a lutto, un foglio e una penna.

"Adesso devi fare testamento. Rivolgi l'ultimo saluto alle persone a cui tieni di più e disponi dei tuoi beni materiali. Poi firma e metti la data. Hai mezz'ora. Ricorda: devi considerare che davvero sta per finire, non hai più tempo per cambiare nulla. Le cose che hai sono le cose che hai, le persone che contano sono quelle che sono."

Mi lasciano solo, con la candela, il foglio e la penna. Comincio a scrivere. Pare sia stato, per molti dei cinquantamila, un esercizio rivelatorio. Si sono resi conto, spesso dolorosamente, di quanti rapporti veramente importassero e di che cosa avessero saputo costruire. Lo è anche per me: poche cose, pochissimi nomi. Scrivendo capisco una cosa importante: per come la vedo io, il percorso perfetto è quello in cui alla fine non hai più nulla da lasciare, ti sei già disfatto di ogni cosa. E nessuno a cui dare, nessuno a provare dolore per la tua fine. Soltanto così puoi davvero andartene in pace, come se ne va un alito di vento: c'era, è passato, non c'è bisogno di voltarsi per salutare. Il problema è che invece finisce quando meno te l'aspetti, e se davvero fosse ora dovrei considerare il dolore di qualcuno e destinare qualcosa. Lo faccio, sorprendendomi delle mie stesse scelte.

Quando poso la penna l'uomo gentile chiamato canzone si avvicina, mi invita a portare con me il testamento e a seguirlo: "È l'ora del tuo funerale".

Usciamo nuovamente nell'atrio. Mi indicano un corridoio che conduce a una scala. All'imbocco mi attende un secondo uomo, vestito di nero, con un enorme cappello. Nella tradizione coreana è il messaggero della morte. Mi precede con passi misurati. Scendiamo nei sotterranei. Fa un gran freddo. Al corrimano sono appese lanterne gialle. Alle pareti, ritratti di famosi trapassati. La scelta è curiosa: riconosco John F. Kennedy, Lady Diana, Ronald Reagan e Stanley Kubrick. L'oscurità cresce, la temperatura scende. L'ultima sala è una ghiacciaia, al fondo c'è un altare. Sul pavimento, appena illuminate da una soffusa luce rossa, sono sparse file di bare, una ventina. Mi indicano la mia, su un piedistallo posano la mia foto e il testamento. Poi mi danno una vestaglia bianca, l'abito funerario coreano. Non avrà tasche, aveva preannunciato Ko Min-su, "perché senza nulla sei venuto e senza nulla te ne andrai". Lo dicono anche a Napoli: "L'ultimo vestito è senza tasche".

Mi viene chiesto se voglio dire ancora qualcosa. Non rispondo neppure "no": scuoto la testa. Mi fanno sdraiare nella bara: non è una di quelle che si vedono in certi film, foderate di raso, belle comode, questa è una scatola di legno, una cassa da morto da spaghetti western. Essendo lungo (qui non posso più dire alto) un metro e novanta centimetri, tocco con i piedi e con la testa, non ho spazio per le braccia, che devo tenere conserte. Sto ancora cercando di abituarmi quando vedo il coperchio scendere. È allora che penso infine: chi me lo fa fare? È un dubbio tardivo. Un martello batte sui chiodi ai quattro lati, una manciata di terra viene fragorosamente gettata sulla bara. Poi tutto tace. Buio.

Posso cominciare a raccontare quel che ho pensato e imparato mentre ero morto.

1.

Solo bagaglio a mano

In vari momenti dell'esistenza, per alcuni a ogni Capodanno, facciamo liste di obiettivi da centrare. Poiché per molto tempo non ho saputo concepire progetti a lungo e neppure a medio termine, solo intorno ai cinquant'anni ne ho azzardato uno: visitare nel corso della vita 100 paesi. Al momento in cui scrivo sono a quota 73, ma ne aggiungerò almeno 2 entro la fine dell'anno arrivando a 75 e conto di farcela, di arrivare a 100. Non so che cosa ricaverò da questo giro del mondo, ma posso già dire quel che ho ricavato dall'aver visto 73 paesi, abitato in 4 continenti (Europa, America, Asia, Africa), 8 città (Bologna, Torino, Roma, Milano, Parigi, Il Cairo, Beirut, New York) e 27 appartamenti. Fin qui. Non so se le considerazioni finali risponderanno alla domanda chiave che mi pose mio padre. L'uomo, un idraulico bolognese che vanta capelli neri a ottant'anni avanzati e per questo i miei amici chiamano Highlander, quando gli annunciai che mi trasferivo dal Cairo a Beirut alzò gli occhi dal piatto e chiese: "A che cosa serve?". Un cacciavite elettrico serve. Un milione di euro serve. Traslocare dall'Egitto al Libano per avere una diversa prospettiva del Medio Oriente, visitare il Lussemburgo per aggiungere un numero sulle pagine di un'agenda blu, vendere casa a Manhattan e comprarla a Brooklyn per uscire dalla vista e, finalmente, averla, non sono cose che "servono". Impegnano (molto), divertono (a volte), insegnano (sempre, se sei disposto a imparare). Che cosa? Cercherò di riassumere qui le principali deduzioni. L'effetto sarà un po' come quella filastrocca intitolata *Sunscreen*. Diventato il testo di una canzone di successo, era inizialmente un discorso da tenere ai laureati di una università di Chicago. Contiene una serie di consigli ("Ricordatevi i complimenti che ricevete, dimenticatevi gli insulti e se ci riuscite spiegatemi come si fa"), espressi in forma dubitativa (giacché "i consigli sono una specie di nostalgia, darne è un po' come prendere il passato da uno scaffale, spolverarlo, verniciare le parti screpolate e riciclarlo per più di quel che vale"). Tranne uno, del quale si invita a fidarsi ciecamente: "Mettetevi la protezione solare".

Alla stessa maniera trarrò qui alcune conclusioni dai miei viaggi e traslochi dandone per certa una e basta: "Cercate di portare soltanto il bagaglio a mano".

Per arrivarci occorre progressivamente abbandonare una serie di convinzioni come fossero indumenti superflui.

Prima ancora bisogna mettersi in moto, giacché l'obiezione principale sarebbe: né valigia di massima portata né zainetto, resto a casa. Dove trovare la motivazione? A me è capitato a Kigali, capitale del Ruanda, una sera lontana e inevitabilmente calda. Ero appena arrivato per cercare di intervistare un vescovo incarcerato e messo sotto processo con l'accusa di strage. Era sabato, l'hotel Mille Colline era infestato da zanzare e prostitute, e io uscii per fare qualche passo, dopo aver lasciato in cassaforte orologio, portafogli e passaporto. La prima cosa che notai fu che tutti andavano di gran carriera, soli o in gruppo, come fossero in ritardo per un appuntamento, un treno, il cielo. Dove andassero, non mi era chiaro: non c'erano insegne di bar o locali, né fermate d'autobus. Dopo aver osservato a lungo il fenomeno, riuscii a intercettare un ragazzo che parlava inglese e gli chiesi spiegazioni. Spalancò gli occhi iniettati di malaria e mi disse: "Sir, *i bersagli mobili sono più difficili da colpire*". Sull'ultima sillaba era già ripartito. La guerra civile, i cecchini gli avevano insegnato qualcosa che si può applicare anche a circostanze meno drammatiche: se ti sposti sarai più difficile da abbattere. Se resti nella stessa casella, stesso quartiere, lavoro, gruppo familiare, quel gran tiratore che è il destino avrà più agio nel prendere la mira. Dopodiché, lo so, la morte può aspettarti a Samarcanda, dove ti affretti a giungere per evitarla avendola vista nei paraggi di un altrove nel quale ti trovavi. Ma tendo a credere al ragazzo di Kigali, e quindi a consigliare rapidi e frequenti spostamenti.

Farlo con molte valigie strapiene è un'impresa proibitiva. Che cosa possiamo eliminare? Per cominciare, le certezze. Quelle più definitive e solide, quindi più pesanti, quelle assolute: scaricarle pensando che invece tutto è relativo. Sto parlando di un relativismo né filosofico né scientifico (seppure anche a quelli tendo a credere), sto parlando di un relativismo delle cose umane. Se tutto è diverso a diversa latitudine, diventa inutile portarsi le proprie bussole, i vocabolari, i modi di pensare. Ogni cosa si modifica: anche il tempo, il significato delle parole, perfino quello delle emozioni. Poiché occorrono tre indizi per fare una prova, cercherò di dimostrarlo con tre esempi.

Il primo riguarda il tempo, o meglio la sua scansione. Sto scrivendo dall'Europa, un lunedì mattina, forse il momento più difficile della settimana, quello in cui il motore si riavvia e, spesso, fa cilecca prima di riuscirci. Viene dopo la malinconia della domenica sera (code al rientro dal weekend, partite rimasticate nelle polemiche da spogliatoio, frettolosi compiti prima di tornare a scuola). Nel 1919, lo psichiatra ungherese Sándor Ferenczi pubblicò un articolo intitolato *La nevrosi della domenica*, in cui raccontava di pazienti con sintomi ricorrenti: dall'esaltazione della vigilia alla depressione susseguente. È una scansione inarrestabile che ha costellato l'intera esistenza di chi vive in Occidente, inclusa la mia, finché mi sono trasferito al Cairo. Lì, all'improvviso, *domenica era venerdì*, il giorno sacro dell'Islam. Avessi varcato la frontiera e fossi andato a vivere a Tel Aviv, venerdì sarebbe diventato sabato, il giorno sacro dell'ebraismo. Religioni, civiltà, governi usano il calendario come strumento di potere, giacché il sommo potere è il controllo del tempo. Sumeri, egizi, greci, romani hanno diversamente suddiviso quelli che chiamiamo anni, mesi e settimane, ma sono suddivisioni che non esistono in natura, poiché il tempo, semplicemente, fluisce. Le grandi rivoluzioni hanno provato, con esiti bizzarri, a riformare anche i calendari. Nell'Inghilterra del XVIII secolo si affermò la celebrazione di san Lunedì, a cui in Italia sono ancora legati parrucchieri e gestori di pescherie. Un guazzabuglio che l'architetto e filosofo Witold Rybczynski nel suo acuto saggio *Aspettando il weekend* così riassume: "Ogni società sceglie di dare una forma diversa al proprio lavoro e ai modi di astensione da questo e nel farlo rivela molti particolari sul proprio conto. Inventa, adatta, ricombina vecchi modelli, aggiungendo nuove varianti al lungo elenco di giorni di svago: festività pubbliche, celebrazioni familiari, giorni di mercato, giorni tabù, giorni maledetti e giorni sacri, feste, san Lunedì e san Martedì, commemorazioni, vacanze estive e fine settimana". Quest'ultimo, benché sembri "in rerum natura", entrò in vigore in Italia il 20 giugno 1935, quando una legge nazionale sancì il "sabato fascista", imponendo la cessazione delle attività produttive all'una di quel giorno.

Ora: se trovandoci il venerdì al Cairo, il sabato a Gerusalemme, la domenica a Roma potremmo infilare tre feste di seguito, il relativismo della scansione temporale è un fatto innegabile. Se poi viaggiassimo nel tempo, oltre che nello spazio, potremmo festeggiare in eterno. Quindi, lasciamo a casa questa certezza, insieme con quella che le parole abbiano un significato univoco, non possano piegarsi ai voleri di chi le pronuncia. Questo è il secondo indizio a favore del relativismo. Quando arrivai a New York mi misi alla ricerca di un appartamento in affitto. Erano gli anni novanta, Internet era agli albori e ancora si scorrevano gli annunci su carta. Uno che mi colpì proponeva: "A terrific apartment with a dramatic view". Ora, sarà maccheronico tradurre "un appartamento terribile, con una vista tragica", ma queste sono le radici dei due aggettivi: terrore e dramma. Solo che negli Stati Uniti, paese dell'ottimismo, *terrific* significa "fantastico": "You look terrific" non vuol dire che hai le occhiaie, i capelli in disordine e la faccia smunta, ma il contrario: sei una favola. E la vista *dramatic* non guarda su Ground Zero, ma sullo skyline, su Central Park, sull'East River. Nel caso in questione: sulla statua della Libertà. Quando la cercai invano venni condotto in cucina e mi fu indicato uno specchietto nel quale si rifletteva: potevi vederla lì, oppure sporgerti dalla finestra. Di nuovo: tutto esagerato, indorato, piegato all'esigenza non solo di piazzare un prodotto ma anche di renderlo gradevole fin da quando lo immagini o lo dici. Se pieghi le parole a un diverso senso, puoi piegare anche i concetti che rappresentano? Se riduci i vocaboli che generano paura o sconforto, la vita diventerà sol per questo migliore? *Le parole sono lenti rosa*, ma graduate in modo da correggere la visione delle cose? Questa sembra essere la convinzione degli americani. È evidente la sovreccitazione del loro vocabolario: "Great!", "Wow!", "Excellent!" sono espressioni tanto ricorrenti quanto, il più delle volte, spropositate. Eppure, generazione dopo generazione, si è creato un popolo di ottimisti, combattivi, sempre fiduciosi in se stessi e nel futuro. Tra gli ingredienti della ricetta che ha portato al risultato c'è anche lo stravolgimento in senso positivo del significato di alcune parole nate con connotazione negativa. Relativa, quindi.

Quel che riesce impensabile cambiare a una diversa latitudine sono le emozioni, i sentimenti derivanti da uno stesso fatto. Eppure.

Tra i tanti eventi che possono capitare nel corso di un'esistenza, uno è quasi unanimemente considerato il più doloroso: perdere un figlio. Non è previsto, non è accettato. Al punto che non esiste una parola per descrivere questa condizione. Abbiamo "orfano" per chi perde un genitore, "vedovo" per chi resta senza il coniuge, ma il vuoto della scomparsa di un figlio è tale che nessuna parola lo definisce, come se niente potesse comprenderlo, delimitarlo. Romanzi e film (i più riusciti, secondo me, sono *Sportswriter* dello scrittore americano Richard Ford e *Lantana* del regista australiano Ray Lawrence) raccontano spesso questa condizione, rendendola impossibile da tollerare per la coppia, che inevitabilmente si separa. Restare insieme significherebbe condividere in ogni momento quel lutto, perfino (per quanto irrazionalmente) rinfacciarselo o (per quanto infantilmente) fare a gara a chi soffre di più. Tutto inaccettabile, indicibile e invivibile.

Poi un giorno, nel Sud del Libano, davanti alla porta di una casa in un villaggio colpito dai bombardamenti israeliani (è l'estate del 2006) c'è una donna anziana, in lacrime. Si potrebbe pensare che sia devastata da un lutto, da una perdita irreparabile: che sia la madre di un combattente Hezbollah caduto nella guerra, un "martire", come lo chiamano con fierezza. Invece, rivela, il suo dolore ha una ragione opposta: non ha potuto dare niente alla causa, nessun figlio, sono tutti vivi, non ha offerto sacrifici. Non ha un martire in casa. Averne uno è motivo di orgoglio: la sua foto viene esposta all'esterno, è oggetto di reverenza per vicini e passanti. Innalza lo status familiare (e le rendite, poiché Hezbollah sovvenziona i superstiti). Quel che per qualsiasi madre occidentale è fonte di disperazione, per questa donna o altre nelle sue condizioni lo è di soddisfazione, benché mista.

La vita stessa è un fatto relativo, dipende dalle aspettative che può darti. Se nasci in un campo per profughi palestinesi i tuoi genitori non si aspettano che tu diventi un professionista di successo, né il vincitore di un talent show. Non potendo essere orgogliosi della tua vita, possono però esserlo della tua morte. "Noi amiamo la morte più di quanto voi amiate la vita," diceva paradossalmente Osama bin Laden. Oppure: ameremo la tua morte più della tua stessa vita.

I kamikaze dell'11 Settembre viaggiavano con bagaglio a mano, o addirittura sprovvisti del tutto. Tranne uno, forse, il capo: Mohamed Atta. A suo nome fu poi ritrovata una valigia, misteriosamente piena di informazioni utili alle indagini, che non era salita sull'aereo destinato a schiantarsi contro la Torre Nord. La sera prima di partire i terroristi avevano fatto testamento e si erano preparati osservando il rituale funerario: si erano lavati accuratamente e avvolti in un sudario bianco, senza tasche. Difficile immaginare che nel loro comportamento si possano riscontrare punti di contatto con quello di persone diverse per cultura, religione o inclinazione morale, addirittura amanti sfrenati della vita e delle sue possibilità. Chi mai penserebbe all'esistenza di un legame tra un kamikaze arabo e un militare campano? Eppure.

2.

Senza vita di scorta

Eppure c'è un nesso che lega uno dei dirottatori dell'11 Settembre a un altro (presunto) colpevole di assassinio che vive in Italia e ha un'opposta cultura, quella dell'esercito. I loro nomi sono, rispettivamente, Ziyad Jarrah e Salvatore Parolisi. Il primo è un trentaseienne di buona famiglia sunnita. Emigrato da Beirut ad Amburgo, sperimenta una lunga solitudine prima di trovare rifugio e sodali nella moschea. Conosce una donna di origini turche, con lei va a convivere e fa progetti di matrimonio. La sera del 10 settembre le fa la penultima telefonata (nell'ultima, dall'aeroporto di Boston, le dirà soltanto tre volte "Ti amo" prima di riagganciare). Le comunica che i parenti in Libano stanno preparando la festa di nozze, che il padre regalerà loro una Mercedes. Discutono di date. Quali date? Quest'uomo ha appena fatto testamento. E lo sa, presumo. Non un testamento come quello che ho fatto io in Corea: lui sa che morirà davvero l'indomani, suicidandosi alla guida di un aereo. Piloterà infatti il volo United 93, il solo che non raggiungerà alcun obiettivo a causa della rivolta dei passeggeri e forse per altre ragioni che non conosceremo mai. Mentre parla con la fidanzata sembra sincero e convinto del futuro che immaginano insieme. Almeno come lo era di suicidarsi di lì a poche ore mentre esprimeva le ultime volontà. Ha davanti a sé *due vite e una sola morte*, ma sembra non rendersene conto e carica tutto nel bagaglio per il viaggio senza ritorno.

Analogamente il caporal maggiore Parolisi, condannato per l'omicidio della moglie Melania avvenuto il 18 aprile 2011, a pochi giorni dalla Pasqua. Il militare aveva un legame extraconiugale con una giovane donna di nome Ludovica, alla quale aveva promesso di lasciare la famiglia. Per Pasqua hanno prenotato una vacanza ad Amalfi, dove finalmente conoscerà i genitori di lei. "Cascasse il mondo, passerò Pasqua con te," le ha scritto. Contemporaneamente ha organizzato un viaggio con moglie e figlia: andranno a trovare i suoceri. Pasqua del 2011 è il suo 11 Settembre, quello verso cui convergono due vite e una morte (in questo caso non la sua, quella della moglie). Lui pure sembra sincero e convinto mentre recita entrambe le parti e, come Ziyad Jarrah, procede finché il bivio, allargandosi, diventa un burrone. Tutti e due commettono un errore di carico: nel bagaglio a mano due o più vite non ci stanno, c'è spazio per una soltanto, quella che hai. Trasportare il peso di quelle che non sono state o non saranno non si può, né si dovrebbe. Eppure. Tu vivi in compagnia dei fantasmi di te stesso. Almeno una volta al giorno ripensi al provino che superasti con la tua squadra di calcio, a tuo padre che, sulla strada di casa, ti disse che era meglio rinunciare, era un'illusione, alla testa che hai chinato. E ti immagini mentre alzavi la Coppa, invece. Ripensi all'uomo lontano con cui trascorresti una settimana in California. "Lo sposo americano" lo chiami, anche se non l'hai visto mai più. Perché consideri quei sette giorni il vero, perfetto, assoluto matrimonio della tua vita. Ripensi alle sliding door, a tutte le direzioni che non hai preso. Che credi di non aver preso, perché le vite che non hai vissuto hanno vissuto te. Ti hanno occupato, consumato. Sono state il tuo sogno ricorrente, la tua fantasia, qualche volta il tuo rifugio. Ma anche un pericolo perché, nella peggiore delle ipotesi, potresti farti rodere dall'invidia per quella persona che non sei stato, dall'odio per quell'altra che vive in te, ma soltanto lì. E scaricare questo peso su chi ti sta accanto. O, alla fine, su te stesso.

Adam Phillips è uno psicologo inglese elevato dalle sue pubblicazioni al ruolo di psicostar internazionale. Ha analizzato questa condizione in un saggio dal titolo: *In lode della vita non vissuta*, titolo che ribalterei in chiave negativa: *Non avrai altra vita all'infuori di questa, fattene una ragione e ringrazia*.

Un'altra psicostar, James Hillman, ebbe anni fa un successo planetario con un libro intitolato *Il codice dell'anima*. Vi si sosteneva la teoria che ciascuno ha dentro di sé un *daimon*, una vocazione, pressoché unica (Michael Jordan, atleta formidabile, eccelleva nel basket ma fallì nel baseball). Può cercarla in sé e non trovarla mai. Può scoprirla per caso.

Hillman racconta di una bambina di colore salita su un palco di Harlem per un saggio di fine anno e annunciata come danzatrice che tirò la giacca del presentatore e disse a sorpresa: "Canto, invece". Era Ella Fitzgerald, improvvisamente consapevole di sé.

I testi di Phillips e Hillman sono complementari. Inseguiamo il *daimon*, lo evochiamo, ma spesso non riusciamo a incarnarlo. Allora *permane in noi come ombra*, illusione, frustrazione. Perché le vite che non sono la nostra ma che tuttavia viviamo non sono certo i pericoli scampati, i fallimenti evitati, i delitti non castigati. Quelli ce li lasciamo alle spalle con una scrollata, un po' come l'oculista di *Crimini e misfatti*, uno dei più bei film di Woody Allen. Commissiona l'omicidio dell'amante invadente, non viene scoperto e si accorge con stupore che la sua vita va avanti, ripensa sempre meno a quel che ha fatto, non si immagina indagato e poi carcerato. Sono le mancate soddisfazioni a radicarsi dentro i nostri sogni. Che farne? La soluzione più semplice è continuare a inseguirle. Capita, seppur rare volte, che le porte girevoli, ruotando su se stesse, ripropongano a distanza di tempo l'uscita perduta. Un dentista di nome Ala Al-Aswani diventa scrittore di successo. Un comico crea un movimento politico e quasi vince le elezioni. Florentino Ariza ritrova Fermina Daza nelle pagine conclusive di *L'amore ai tempi del colera*. Carlo, Camilla. Le vite di scorta si sostituiscono a quelle originali, il motore canta: sì, viaggiare. Facile. Bello. E se non accade? Uno dei guasti più diffusi è la consegna del problema all'erede.

Ogni vita è unica, anche nel non vissuto. E proprio perché unica non può consentirsi di fronte al bivio, di qua o di là, la risposta: in entrambe le direzioni. La non scelta porta alla tragedia. Come nei casi di Ziyad Jarrah e Salvatore Parolisi. Che l'esistenza sia unica non è un limite, ma la sua bellezza. Nel viaggio, eliminare dal bagaglio la "vita di scorta" è un'operazione necessaria e sacrosanta. Non ci sono due vite e una morte: i conti si pareggiano.

I limiti in generale sono un vantaggio, non una diminuzione delle possibilità.

Se decidi di viaggiare leggero ti devi dare delle regole e le regole non complicano la vita, semmai l'opposto. Quelle che chiamiamo in politica con termini convenzionali e abusati "destra" e "sinistra" si differenziano ormai più che per una teoria dei valori (pochi e largamente condivisi sopra e/o sotto il tavolo) per un diverso modo di affrontare la complessità del presente (e del futuro imminente). La destra semplifica, la sinistra interpreta e facendolo aumenta la complessità generando una metacomplessità. Di fronte a una parola in lingua sconosciuta, una ti dà una traduzione, l'altra una definizione (nella stessa lingua che non conosci). Poi ci sarebbe la religione, che ti dice: non preoccuparti del significato, ti verrà rivelato poi, per ora limitati a pronunciare a scadenze fisse quella parola. In realtà, anche la storia delle religioni ha proceduto per semplificazione: quando il mondo era più semplice le religioni erano più complesse, ora che complesso è il mondo si affermano religioni di una semplicità disarmante. La pratica politica contemporanea tiene in scarsa considerazione e largo sospetto le regole (considerate lacci, intralci). Invece, se le accetti (come fa chi segue una religione), la tua vita diventa più chiara e trasparente. Massimo cinque chili, ingombro prestabilito, tale da entrare nell'apposito contenitore visibile presso il banco del check-in e in quelle che ci si ostina a chiamare "cappelliere sopra di voi" anche se nessuno vi stiverebbe mai un cappello – a meno di volersene disfare, prima nella forma, poi nella sostanza.

Quando devi portare una quantità limitata di vestiti, pensi ai capi indispensabili. A quelli multifunzionali, o intercambiabili. Un giubbotto double-face si rivelerà prezioso. Le donne faranno appello al tubino nero che si arrotola e "va sempre bene". Si selezioneranno i colori, scegliendo solo quelli che si portano più spesso e che sono facilmente abbinabili. Sono tutte metafore di molti rapporti della vita, quasi tutti. L'indispensabile. Ciò o colui che si adatta facilmente. Quel che davvero ci piace. Di fronte a una valigia grande si tende a riempirla con "quel che ci sta". Nel bagaglio a mano entra "quel che si vuole". Per molti il desiderio di semplificazione è una volontà inespressa, quasi inconscia. Non è un caso che, in una ricerca sui convertiti all'Islam, sia venuto fuori che il principale motivo era: aderire a uno stile di vita più facile e regolato. Come per il protagonista nel romanzo di Éric-Emmanuel Schmitt *Monsieur Ibrahim e i fiori del Corano*, tutte le risposte si trovano nel testo sacro. E non c'è più tempo da perdere la mattina davanti allo specchio per scegliere camicie, gonne, calze, scarpe: tunica monocolore e via.

Il bagaglio a mano rivela il superfluo. Se torni e ce l'hai fatta con quel numero di capi, fogge e colori, significa che non hai davvero bisogno di quanto, nel tuo guardaroba, esorbita. Di quanto, nella tua vita, esorbita. Esistono regole precise per comporre il carico minimo e perfetto, e fanno di tutto per generare il sospetto si tratti di massime filosofiche travestite. Non a caso Doug Dyment, creatore del sito "One-Bag" che insegna come preparare la valigia ideale, è stato definito il "guru del viaggiare leggero". Senza alcuna pretesa, anzi respingendo ogni titolo del genere, trarrò qui alcune considerazioni dai suoi consigli. La prima è già nelle righe che precedono: *one life, one bag* (una vita, un bagaglio).

Aggiungo: se fermaste cento persone in partenza all'ingresso di un aeroporto notereste una statistica, una proporzione inequivocabile: *grande viaggiatore, piccolo bagaglio*. E viceversa. L'esperienza aggiunge, ma anche insegna a togliere. Affina. Avvicina al nocciolo, all'indispensabile. Dopodiché ci sono le regole di Doug. Prima però, come spesso succede, devo fare un'eccezione.

3.

La metafora della duffel bag

Nell'estate del 2014 ho fatto un lungo viaggio, attraversando l'America: 7024 chilometri. Sono partito dalla costa ovest, controcorrente rispetto alla storia, diretto a est. La linea del percorso era quasi retta, non prevedeva deviazioni: da Seattle a New York, sempre con la bussola a oriente. Tranne una svolta a nord, mentre ero già in Wyoming, per ritornare nel Montana e visitare Little Bighorn, il campo di battaglia dove il generale Custer portò le sue truppe al massacro.

È come se la strada presentisse l'evento: scompaiono le rocce, la vegetazione, i ruscelli e resta la pianura secca, sterminata e fatale. Le indicazioni arrivano soltanto negli ultimi chilometri, l'onta è nascosta il più possibile dal pudore. Eppure ci hanno fatto una specie di parco tematico, hanno organizzato la visita in trenino con la guida nativa americana, eretto steli ai caduti con la giubba e, per correttezza politica, piazzato anche una scultura a ricordo dei morti tra quelli che, senza nome, sono genericamente ricordati come "indiani ostili". Qui, la fine è nota: il generale Custer andò a cacciarsi in una trappola. Attaccò come era solito fare, con la stessa inflessibile strategia, un insediamento di Lakota e Cheyenne, forse senza valutare che la loro superiorità numerica era schiacciante. Scrivo "forse" perché nella sua decisione ho immaginato, più che sventatezza, un intento suicida. Stanco di guerra, andò a morire con i suoi uomini come aveva vissuto: con sciagurata fierezza, spesso sconfinando nell'arroganza. Quel biglietto affidato a un trombettiere italiano e mandato al comandante dell'altro reparto – *Fate presto* – era in realtà un messaggio senza più mittente. Come poteva non sapere che stava andando a morire? E se lo sapeva, perché chiedeva aiuto e avanzava ugualmente verso il destino segnato? Nel luogo dell'ultima resistenza hanno messo la stele con il suo nome e quello dei quarantuno che lo attorniavano. Per difendersi uccisero i cavalli e si appoggiarono con i fucili sulle carcasse usandoli come ripari e sostegni mentre prendevano la mira. Nessuno sopravvisse. I turisti si fanno fotografare e sorridono. È un'immagine di cui non trovo il senso. Me ne allontano, giacché sono tracce di senso che vado cercando in questo lungo viaggio. Torno all'auto, apro il bagagliaio, osservo quel che ho davanti e capisco qualcosa di importante, sul generale Custer e su me stesso. Capisco perché è andato al massacro e come io sto invece cercando di *evitare ogni forma di rovina*. La spiegazione è accanto al trolley. Adesso ci arrivo. Un attimo. Lasciate che prima vi parli del contenitore.

Il bagaglio perfetto risponde ad alcuni requisiti. Il primo riguarda il peso. Non farti fregare dall'estetica, non farti vendere cara la pelle. Ci sono valigie stupende che sarai fiero di avere con te. Mai in aereo, però. Non se le devi portare in cabina. Quelle sono da treno, meglio ancora da auto: pesano. Se hai un limite di carico, perché scegliere un contenitore pesante, dovendo poi ulteriormente limitare il contenuto? Ti rendi conto che stai mettendo un quadro piccolo e di scarso valore in una immensa, costosa cornice? Ha senso? Ha senso imbarcarsi in imprese in cui la fatica è superiore all'esito? Hanno senso le relazioni "ad alto tasso di manutenzione"? I mutui sul novanta per cento del valore di un immobile? Quante vite hanno rovinato? Quanta gente ha trasportato più valigia che vestiti, più forma che sostanza, più apparenza che realtà? Non è stato questo uno dei mali d'inizio terzo millennio, la causa delle grandi crisi economiche e morali che ancora durano?

Il bagaglio ideale è leggero, perché serve a contenere il maggior numero possibile di indumenti, cosmetici, farmaci, libri, apparecchi elettronici, regali, emozioni, progetti, memorie. Non conta com'è quando è chiuso, conta com'è quando lo apri. Vale per la casa che sceglierai. Per la persona con cui passerai gli anni a venire.

Conta che sia agevole andarci in giro. Abbia manici e rotelle che non si spaccano alla prima trasferta. Sia maneggevole e veloce. Conta che *niente e nessuno ti ancori.* Perché accettare situazioni o rapporti che ti chiedono (o impongono) di essere ciò che non sei? Sii un bersaglio mobile, ricordi? Di un oggetto di valore, facile da reimmettere sul mercato (sia una casa o un'opera d'arte), si dice: è un assegno circolare. Circolare, muoversi, scambiare, cambiare. Ne hai diritto. Oggi sei questo, sei qui. Domani potresti voler provare a essere altro e altrove. Portando con te chi conta e quel che conta. O facendoti portare da loro, giacché tu per primo non devi essere una zavorra. Quindi controlla di che materiale sei fatto, quanto ingombri, se hai troppe pretese, debiti, aspettative, problemi irrisolti.

E quando il bagaglio ha esaurito la sua funzione, è importante che possa ridursi, ripiegarsi, occupare meno spazio possibile. Tutti abbiamo il momento, poi conta che sappiamo tornare nell'ombra senza reclamare quel che non è necessario, che sappiamo appartarci concedendo agli altri di stare con se stessi. Conta sapersi porre, ma anche sapersi riporre.

L'interno del bagaglio è ugualmente importante e suggestivo. Perché sia funzionale occorre abbia scomparti e zip.

Gli scomparti servono a dare agli oggetti un posto predefinito per farli trovare più in fretta, con la zip vengono nascosti alla vista e protetti. Non tutto deve essere esibito, ma tutto deve essere reperibile. Tutto è dentro di noi, da qualche parte, non chiuso ma riparato da una cerniera. E qualche volta è bene che stia lì, nel suo scomparto, pronto all'uso, da estrarre quando servirà. L'esibizione di beni, risultati, talenti non è soltanto stucchevole, è anche controproducente. La luce li opacizza, l'invidia li sfregia, il tempo li logora. Proteggerli in apposite custodie è un riguardo, di più: una forma di saggezza.

Non cadere nella trappola degli organizer: sono suddivisioni pensate da un'altra mente, usa la tua. Riappropriarsi dello spazio e del tempo è la vera conquista.

Se vuoi proteggere gli indumenti non usare buste di plastica, quelle vanno bene per i suicidi. Il segreto è avvolgere una cosa nell'altra: mettere i calzini nelle scarpe, ad esempio. E il miglior modo di tenere tutto insieme è il fagotto. All'esterno il capo più ampio e stropicciabile, poi a scalare, infine richiudere. Ricorda qualcosa? Sì, il fagotto che le donne africane portano sulla testa, un'usanza millenaria, un sapere arcano. Ma anche quello in cima al bastone del viandante da fumetto o del bambino che scappa di casa. Non c'è metodo migliore di quello consacrato dal tempo. Il fagotto delle donne africane, qualcosa che avvolge. Non è la stessa cosa per le persone? Chi ti vuol proteggere ti avvolge, ti affianca.

Mi ricordo Mauro. Era più grande di me, figlio di una cugina di mia madre. Uno dei miti della mia adolescenza, perché faceva politica, trasmetteva nella prima radio libera di Bologna, fu obiettore di coscienza. In Africa. Ne tornò cambiato, parlava continuamente del continente che, diceva, gli era rimasto dentro: "Là le donne non lasciano i bambini a casa, né all'asilo nido, li portano con sé, avvolti nella stoffa, anche quando vanno al fiume a lavare i panni, li tengono sulla schiena, fanno sentire loro il calore della pelle, la presenza, l'amore". Poiché ogni uomo è ucciso da quel che ama (non "uccide quel che ama", come diceva Bertolt Brecht),

Mauro fu ucciso dall'Africa. Sposò una gazzella, una principessa del Mali, la portò a Bologna, ebbe da lei una figlia, chiamata Awa, alba. Uno dopo l'altro morirono di Aids, negli anni settanta, quando ancora la malattia non era conosciuta, figurarsi curabile. Avverte il "guru del viaggiare leggero" che *nessun fagotto può essere a prova di pieghe* o altri danni. E anche questo va sempre tenuto presente: nessuno può proteggere nessuno da tutto e tutti. Il senso di colpa tende a infilarsi nel bagaglio e a renderlo di una pesantezza intollerabile, ma va scaricato o si resta bloccati e non si va più avanti.

Il viaggio, la vita sono imprevedibili. Per questo, anche dopo aver concepito il piano perfetto, occorre averne un altro. Eccolo lì, nel mio bagagliaio: il piano B. Ovvero, la duffel bag. Ovvero: quel che mancava a Custer. Si tratta di quel tipo di borsa ripiegabile che, se vuota, entra in una busta e occupa lo spazio di una maglietta (ma può, se utilizzata, contenerne due decine). Può essere piena all'andata e svuotata strada facendo o vuota all'andata e riempita con acquisti nella località raggiunta. In entrambi i casi contravviene alla regola del bagaglio a mano, ma soltanto a metà. Provvede una via d'uscita per l'eventualità. È il relativismo applicato alla valigeria. Ma è anche un modo di vivere e agire che può salvare, perfino vite. Avere sempre con sé il piano B, conservare un lato flessibile, adattarsi a quel che non si era progettato o teorizzato, equivale a sedersi a fianco dell'uscita d'emergenza, pronti a entrare in azione "nel malaugurato caso di ammaraggio o atterraggio di fortuna", come recitano le hostess.

Custer non portava con sé una duffel bag. Aveva una strategia unica, sempre la stessa: attaccare il nemico da più posizioni. Benché in duecento contro migliaia, divise le sue truppe per creare multipli schieramenti e ridusse ancor più il suo potenziale. Non sapendo che l'altra colonna aveva ripiegato, si gettò all'assalto con un manipolo la cui inferiorità numerica era un destino segnato: non aveva un'altra strategia, un piano B. Non poteva che perdere, senza possibilità di rivincita.

Certo, se la duffel bag non passa come sacca aggiuntiva e dev'essere caricata in stiva, si corre il rischio di non vederla arrivare, dovendola reclamare all'apposito sportello. Perdere qualcosa, perdersi, è davvero un guaio? O un'occasione?

4.

Lost is found

Io e Glauco ci conosciamo da trent'anni e ci incrociamo ogni tre o quattro. Per tutto questo tempo lui si è presentato come il ritratto della soddisfazione, invero ogni volta più rotondo. Felicemente sposato, con due figli grandi che studiano con successo e si preparano a brillanti carriere. Residente in una casa così vicina al mare da sentire la risacca. Titolare di un'azienda "piccola ma aguerrita", leader nel suo ristretto settore. Portava abiti di sartoria. Guidava auto veloci. Possedeva altri mezzi di trasporto inusuali. Possedeva anche tre cellulari e parlava spesso con personaggi i cui nomi si leggono nelle pagine finanziarie dei quotidiani. Faceva vacanze in posti esotici, mutui, leasing. Aveva con le banche "linee di credito". Creava scatole cinesi, società ombra, bad company. Prosperava. Si dichiarava fortunato, forse meritevole, sicuramente soddisfatto.

Poi, la scorsa estate, è venuto giù il castello. Prima se ne sono andati i figli, all'estero. Poi la moglie, con un vicino di casa. Infine è venuto fuori che la florida azienda aveva una falla. Due. Tre. Stava naufragando. Forse tutto l'impianto da tempo si reggeva sulla meno solida ma più diffusa delle fondamenta: l'illusione.

Glauco si è trovato in un'altra vita. Dove non c'era più la famiglia. Non c'era più la casa da cui sentiva la risacca (rimasta all'ex moglie). Non c'erano più i piccoli e grandi lussi. L'azienda c'era ancora, ma andava smontata. È riuscito a farsi nominare liquidatore di se stesso e si è fermato, per la prima volta in cinquant'anni. Ha affittato un monolocale lontano dalla battigia. Ci ha messo dentro due mobili a cui era affezionato, uno dei quali una poltrona da barbiere. Poi ha cominciato l'operazione di smembramento della sua storia, che immaginava dolorosa. Non facile è stato licenziare i dipendenti, a uno a uno, ma lo ha fatto con *dolcezza, partecipazione, abbracci.* Qualcuno, più d'uno, lo ha ringraziato per il tempo trascorso insieme, l'avventura, i risultati dei bei tempi. Si è ritrovato solo in un capannone. Ha staccato la corrente, il gas, la linea di credito. Si è guardato intorno. C'era una marea di cose: scrivanie, computer, librerie, libri, suppellettili, macchine per il caffè, cialde per il caffè, cestini, quadri. Ha deciso di vendere tutto, un pezzo alla volta, on line. Di consegnare ogni cosa personalmente, incontrando il compratore. Memore di studi letterari che aveva tradito per fare soldi, ha deciso di tenere un diario, delle sensazioni e degli incontri. Me ne manda spezzoni. La prosa è aulica, a tratti potente. Scrive cose come: "Raccolgo e divido le penne per colore, recuperando quanto distribuito a ognuno. La cura di chi prepara i corpi per l'ultimo viaggio. Frugo le tasche, vuoto i cassetti e compaiono spezzoni di vita abbandonati, amori senza speranza soffocati tra i file. Mi ritrovo a leggere la disillusa dichiarazione d'amore di una stagista al suo giovane tutor il giorno in cui non le fu trasformato il futuro. Una guerra, quel che resta dopo una guerra: corpi evaporati, memorie, silenzio. Un cassetto per i taglierini, uno per gli evidenziatori, conto più di trenta graffettatrici mute, le ripongo insieme con i loro proiettili, divido cassettiere e cestini, disarmo scrivanie. C'è amore anche nel ricomporre i cadaveri. E non credere, amico mio, che non ci sia gioia in tutto questo. La vita rinasce come la mia orchidea, che trova il sole d'inverno e caparbia rifiorisce".

Ha venduto tutto e ogni cosa gli ha portato una storia. Il cingalese che ha comprato il decoder satellitare per vedere i programmi del suo paese è venuto al capannone con altri connazionali: chi si è preso un barattolo di penne, chi una lampada. Alla fine hanno cucinato e mangiato tutti insieme. C'era, mi ha scritto Glauco, un'aria di festa. La festa della verità, infine. Quella di una ritrovata semplicità. Le cose vanno, cercano un'altra vita. Seguendole, a volte la troviamo anche noi. Gli ho chiesto che cosa farà per Capodanno. Mi ha risposto che lo passerà a Livorno. C'era andato due settimane prima, per consegnare un televisore. L'acquirente si è rivelato una donna gentile e sola. Lui le ha collegato l'apparecchio, sistemato il decoder. Lei gli ha fatto il caffè. Si sono già rivisti una volta, sulla riva di un mare opposto a quello del passato. Si rivedranno ancora. Quando sembra finita, ricomincia.

Racconto questa storia perché insegna che perdere è avere un'occasione. Invece si ha paura di perdere e/o di perdersi. A tutte le latitudini "smarrire", "smarrirsi" sono verbi vietati. Siamo circondati da indicazioni, cartelli stradali, navigatori satellitari, mappe sul cellulare. Poi un giorno ho incontrato Tony Wheeler, ideatore delle Lonely Planet, le guide di viaggi più diffuse nel mondo, e gli ho sentito dire: "Il più delle volte ho trovato quel che cercavo quando mi sono perso".

Da bambino passavo le estati a Rimini con la famiglia. Le giornate sotto l'ombrellone avevano per colonna sonora le musiche, i programmi e soprattutto gli annunci tramite altoparlante della Publiphono Radiomare. Con frequenza ricorrente erano di questo tipo: "Siamo alla ricerca di un bambino di nome Davide. Davide ha cinque anni, è biondo e indossa un costumino blu. Chi ne avesse notizie è pregato di avvisare i bagni della zona 19". Da quel momento serpeggiava la preoccupazione per il piccolo Davide. In me, suo coetaneo, nasceva invece la speranza: che Davide riuscisse a fuggire. Lo immaginavo come un evaso inseguito da una torma di cani chiamati: Genitori, Dovere, Futuro. Stava cercando di rimanere per sempre libero sulla spiaggia e quelli volevano riacciuffarlo. Non pensavo fosse spaventato: *si era perso, era libero*. Poi, puntualmente, nel giro di mezz'ora, arrivava l'annuncio opposto: "Davide, cinque anni, è stato ritrovato presso i bagni della zona 24 dove attende i genitori". Fine della fuga. O, almeno, rinvio a un'altra età o stagione della vita. A volte, a tempo indefinito. Spesso, quel tempo non arriva mai: perché lo temiamo. Per noi, letteralmente, perdere è una sconfitta.

A tutte le latitudini, perdere qualcosa è vietato. Mi trovavo nel deserto del Sinai, avevo con me un libro letto senza alcun entusiasmo. Alla fine del soggiorno lo abbandonai nella stanza dell'alloggio che mi aveva ospitato. Risalii sulla jeep e partii verso il nulla. Avevo fatto un centinaio di metri quando vidi nel retrovisore una nuvola di polvere che, dopo essersi alzata, avanzava. Rallentai, mi fermai. Era un uomo, un beduino, in corsa. Veniva verso di me, con un braccio alzato. Reggeva un libro. Mi raggiunse ansante, sciabolò un sorriso e mi porse il volume che avevo consapevolmente abbandonato. Gli dovetti dare una mancia e ringraziarlo per avermi fatto rientrare in possesso di qualcosa che non volevo più.

Lo stesso mi accadde su un treno italiano. Visto nel lettore del computer un film pessimo, feci uscire il dvd, lo infilai nella custodia e lo abbandonai sul sedile prima di scendere a Roma Termini. Feci qualche passo sulla banchina e mi parve di scorgere con la coda dell'occhio un passeggero che correva lungo i vagoni. Mi fermai, quello mi raggiunse, apparendo a una delle porte. Lui pure ansante, come il beduino: "Ha dimenticato questo," disse tendendomi il dvd. Con lui scelsi la verità: "Grazie, ma l'ho fatto apposta: non mi è piaciuto, magari qualcun altro lo guarda e gli piace". Mi fissò interdetto. Passò dalla sorpresa alla riprovazione, come se il mio atto fosse uno sfregio alla cultura, al regista, agli attori di quel film. Protese il braccio, un po' di più, come a dire: Cambi idea, lo riprenda! Il treno fischiò, la porta si chiudeva, non mi avvicinai. L'uomo arretrò. Il suo ultimo sguardo era sgomento. Disse: "Allora me lo guardo io". Capii che come recensore valevo zero.

Disfarsi di qualcosa è diventato una raffinata sfida, eppure è un'azione necessaria. I computer, che pure sono meno intelligenti di noi (per ora), resettano, inducono a cancellare periodicamente, si danno *limiti di memoria, di archivio*.

Come tanti, avrai sicuramente fatto un trasloco. Probabilmente l'avrai vissuto come un trauma. Avrai ripetuto una serie di luoghi comuni (e io ho rispetto dei luoghi comuni, perché sono esperienza tramandata). Questi: "Un trasloco è il peggior trauma dopo un lutto", "Ti fa scoprire quante cose inutili avevi", "È l'occasione per liberarsi di quello che non si usa più". Sintetizzando: il trasloco è un trauma liberatorio. Ora, qui sorge un dubbio: ma perché per liberarci abbiamo bisogno di sperimentare un trauma? Il trauma viene spesso evocato come causa di molteplici effetti, alcuni dei quali positivi. Esempio: "Da quando ho perso mio padre (marito, figlio, il lavoro, i soldi che avevo) ho capito il valore delle cose, le ho messe in prospettiva, ora so che cosa conta veramente". Ottimo. Ma era necessario passare per quell'evento funesto al fine di arrivare a quelle conclusioni? Non bastava chiudere gli occhi e pensare? Le scale di valori non erano determinabili, chiare, anche prima? C'è bisogno di traslocare per rendersi conto che basta la metà degli indumenti, che decine di libri già letti e nemmeno amati sono un ingombro per scaffali? C'è bisogno di perdere qualcuno per ammettere che a sera un abbraccio vale più di uno scatto di carriera?

Eppure è così, quasi inevitabilmente così. E allora perdere diventa necessario.

Mentre vivevo al Cairo e infuriava la Seconda guerra del Golfo, andai qualche giorno a Beirut per un servizio. Trovai la capitale libanese molto più interessante di quella egiziana sotto ogni aspetto, a cominciare da quello estetico, visuale, architettonico. Che cosa determinava la differenza? Il Cairo era una città a strati. Aveva sovrapposto epoche, pietre, concezioni, corpi. Nulla era andato perduto, tutto era stato ammassato. Il Cairo non era *mai stata bombardata*. Beirut è l'araba fenice del Mediterraneo: risorge periodicamente dalle proprie ceneri, dalle sconfitte, dai bombardamenti. Rinascendo si ripropone secondo i tempi, innesta il presente non sul passato, ma accanto, negli spazi che si sono creati. All'estremo esiste una città che in pochi visitano o, avendola visitata, amano. Io sono tra quelli e la città è Rotterdam.

Atterro nel suo piccolo aeroporto con un volo low cost proveniente da Fiumicino. Trasporta orde di giovani italiani in marcia verso il quartiere a luci rosse e marijuana libera di Amsterdam. Qualcuno li ha convinti che questa è la terra delle libertà. Appena messo piede sul tarmac uno si accende la sigaretta. L'addetto in giacca arancione fosforescente gli fa segno di spegnere: è vietato fumare. Quello, stupito, obbedisce, butta dopo un tiro e schiaccia con la suola. L'orange gli si avvicina e gli intima di raccogliere quel che ha gettato.

Benvenuti nella città che ha tutte le leggi e sa come e quando farle rispettare, dove la discrezionalità si applica quando è il caso e non per caso. Benvenuti nella capitale europea della gioventù, dove un terzo degli abitanti ha meno di ventotto anni. Dove Erasmo non è solo un progetto di scambio, un antenato, un ponte, ma è anche un sistema di vita. Aperto a tutti. A centosessanta diverse nazionalità che circolano nel più grande melting pot umano di questo continente, scaldando il freddo, mischiando linguaggi, senza perdere personalità.

Ma soprattutto: benvenuti nella città che non c'era. E se non c'era, bisognava (re)inventarsela. Rasa al suolo dai nazisti, Rotterdam come la conoscevamo non esiste più. Rotterdam è la capitale del qui e ora. È la città progettata, non venuta su come poteva, tra rovine di civiltà sepolte buone solo per ostacolare l'avanzata delle metropolitane. Rotterdam è linee perfette lungo cui scorrono i trasporti sopra e sotto le strade. È una magia di parcheggi che ci sono ma non li vedi perché stanno, quelli sì, sepolti, sotto il parco, sotto il ponte, visibili soltanto ai piani bassi dei grattacieli, dove sostituiscono gli appartamenti, schermati da vetri verdi che fanno tanto *Matrix*, universo alternativo.

Rotterdam è rinata nel segno del design, dell'architettura innovativa e della memoria compassionevole. Poteva stare lì a piangere su se stessa, invece è andata avanti, verso l'ineluttabilità del futuro: *container e grattacieli, fibre ottiche e pensiero agile*. Università cosmopolite, venite ragazzi d'Europa, Asia e Africa, per studiare, non per sballare. Per quello, proseguite fino ad Amsterdam. Io mi fermo qui, a cercare di capire l'effetto della memoria compassionevole, quella che consente di ricordare senza traumi.

Un pomeriggio luminoso finisco a prendere un caffè nel bar dell'ultimo suite hotel aperto nella zona del porto: il Pincoffs. La gentile ragazza alla reception mi dà una brochure dell'albergo. Tra le foto delle eleganti stanze c'è anche quella della statua di Pincoffs, nella piazza sottostante. Ai suoi piedi una targa reca un'incisione in inglese, traducibile come: "Un campionario di splendori e vergogne". Leggendone la biografia scopro che questo Pincoffs, ultimo di nove figli in una famiglia ebrea, fu politico, giornalista, massone, ma soprattutto geniale commerciante. Fu lui a dare impulso al porto di Rotterdam creando la prima compagnia di navigazione cittadina, salvo poi falsificarne i bilanci, fuggire in America e lì morire dopo aver mandato in bancarotta perfino un negozio di sigari. Guardo la receptionist e chiedo: "Perché avete preso il nome di un truffatore, come mai ne andate così fieri?".

Scuote la testa bionda: "Per metà truffatore, per metà genio. Conteneva il male e il bene, come tutti noi, no?".

È lei a consigliarmi di passare la serata al Watt, la prima discoteca eco-sostenibile d'Europa. Tradotto: più la gente balla e più la carica. Sotto il pavimento c'è un generatore elettromagnetico costato duecentomila euro che trasforma le pedate in energia. O almeno dovrebbe. Finché resisto a bordo pista, domina l'oscurità.

"Non importa," mi insegna la dj Helen Firenzi. "Questa città è un lavoro in corso. Quando tornerai non sarà più la stessa che hai conosciuto ora. Se ti portano via la tua storia non ti stanno facendo del male, ti stanno dando una possibilità per ripartire da capo. E questo è quel che è successo qui. Rotterdam non è mai finita e mai lo sarà, è in ricostruzione permanente." Come tutti noi, no?

Io amo le persone e le città che mostrano i segni, le cicatrici, le protesi, quelle passate attraverso il fuoco purificatore della storia e scottate dall'esperienza, che abbiano imparato qualcosa oppure no. Stanno lì, nuovamente in piedi, per insegnare qualcosa a noi. Che cosa? Che è possibile perdere, anche tutto, e continuare. Che la più lunga delle notti ha una fine: se l'ha avuta, la riavrà. Sarajevo, il più lungo assedio dell'età moderna, durato oltre mille giorni, le stragi, gli stupri, i cecchini, eppure rieccola, non invitta, mai invincibile, non superba eppure rinata. Semplicemente: ancora viva. Con i fori alle facciate delle case ridipinte, le lapidi sulla collina, i tram dalla schiena spezzata. Sarajevo come Beirut, superstiti di una guerra civile che hanno perduto la gemella sotto le bombe. Come New Orleans dopo l'uragano, come Dresda, come L'Aquila dopo il terremoto, come Stalingrado (qualunque nome le si voglia dare). La resistenza di Stalingrado, *Vita e destino* di Vasilij Grossman: la vita come destino, nonostante tutto.

In un bar di Soho, che frequentavo perché, secondo una leggenda metropolitana newyorkese, Bruce Springsteen ci andava a giocare a biliardo (mai visto), due donne più grandi di me attaccarono discorso mentre bevevo al bancone. Come mi succede talvolta parlando con estranei, rivelai un paio di cose su di me. Una delle due commentò: "Hey, the kid has been to Beirut!", il ragazzo è stato a Beirut.

Sì, ma molto prima di averci abitato. Le riconosci, le persone che "sono state a Beirut": dalla posa dei gomiti, dalle risposte silenziose, dallo sguardo laterale. Siedono in fondo, tengono d'occhio la porta e chi entra. Cantò Neil Young nella sua *The Loner*: "È uno che aggiusta i sentimenti e cambia maniera di parlare. Osserva le tue mosse finché non saprà chi sei. Quando scenderai alla tua fermata lui solo saprà che esisti. Niente può liberarlo".

Il solitario "era stato a Beirut". È un modo di vivere dopo il passaggio dello tsunami, la fine della guerra, la sorprendente maledizione della sopravvivenza. Capita a molti, quasi a tutti. Diventano più saggi o più sciocchi, per reazione. Non tutti ce la fanno. Quelli che riescono sono, loro sì, una razza eletta. Amo *i ragazzi della rimonta*.

Nell'ultimo mi sono imbattuto andando dal dentista una mattina d'autunno. Non vedevo il dottor A. da tre anni, nel frattempo avevo abitato in un'altra città, frequentato un altro professionista. La volta precedente, ricordo, era in ansia per suo figlio: il ragazzo, diciassette anni, aveva avuto un grave incidente in moto. Gli chiedo se si è ripreso.

Dice: "Ha perso l'uso del braccio destro. Paralizzato".

Mi blocco anche io. Ma il dottor A. continua a parlare: "Ha reagito bene. È diventato un nuotatore, sai, paralimpico, ha appena sfiorato la qualificazione agli Europei, comunque ha vinto molte gare. Fa di tutto: guida l'auto con il pomello e dice che è meglio che nel modo normale, ti lascia più libero. Ha anche riprovato la moto in un circuito protetto, una di quelle modificate, dove hai tutti i comandi in un unico blocco, a sinistra. Però non gli ha dato la stessa soddisfazione di prima, credo, e ha lasciato perdere. C'è una cosa che lui dice e che mi fa venire i brividi. Dice: Non penso mai alle cose che non posso più fare, penso a tutte quelle che posso ancora fare. Ho imparato tanto da lui, alla fine anche a raccontare tutto questo senza commuovermi. E adesso ti tolgo il dente, se senti male fa' un gesto".

Se io adesso mi lamento per un dente tolto con l'anestesia, merito il dentista del *Maratoneta*, il nazista torturatore, invece di questo scassinatore perfetto che si muove nella mia bocca senza lasciare tracce, senza urtare niente, men che meno la sensibilità.

Mentre lui manovra felpato io chiudo gli occhi e costruisco un montaggio di scene. In una c'è Alex Zanardi, il pilota automobilistico che perse le gambe in un incidente in Germania. Lo rivedo mentre si toglie e rimette le protesi in un secondo per dimostrarmi quant'è facile, almeno per lui. Lo sento mentre coglie il mio sguardo turbato e dice: "Guarda che le sfighe sono altre!". In un'altra c'è B., il ragazzo a cui leggevo nel registratore il testo dei libri di diritto per gli esami che doveva superare. Lui non ci vedeva più dall'età di otto anni. La vista lo aveva abbandonato progressivamente. Era, da bambino, un piccolo prodigio del pianoforte. Una volta, uscendo da casa sua vidi, in una stanza diversa da quella in cui parlavamo di norme e tributi, un grande pianoforte a coda. Non so davvero come, ma lui intuì che cosa stavo guardando. Disse: "Non suono più. Anche se i miei hanno tenuto il piano. Non suonerò mai più. C'erano le cose che facevo prima e ci sono quelle che ho fatto, che faccio e farò dopo. È un altro modo di stare al mondo: non ho perso niente".

Nell'ultima scena c'è il mio supereroe dell'infanzia, quando leggevo la Bibbia illustrata: Giobbe che viene colpito dalla prima piaga inflitta dal demonio per distoglierlo da Dio, un'ulcera dai piedi al capo. La moglie lo trova seduto a grattarsi in un immondezzaio e gli dice: "Rimani ancora fermo nella tua integrità? Maledici Dio e muori!". Ma lui risponde: "Parli come un'insensata! Se da Dio accettiamo il bene perché non dovremmo accettare anche il male?".

Dopo l'infanzia ho perso quel libro e la fede, ma ho sempre ricordato l'undicesimo comandamento di Giobbe: non recriminare. È facile teorizzarlo, più difficile metterlo in pratica, eppure non c'è altra scelta, perché così procede l'universo. In ogni istante, anche ora, anche intorno a voi, finiscono amori, si sgretolano patrimoni, vengono cancellate esistenze irrinunciabili e contemporaneamente si accendono altre passioni, crescono nuove fortune, sbocciano splendide vite. E si va avanti. Come ha capito un ragazzo di diciassette anni all'uscita dalla curva più difficile: conta soltanto quel che ancora può essere.

È importante, ricordatene. Non trascrivere o sottolineare: ricorda. Oppure, dimentica. Volta pagina.

5.

Ricordati di non ricordare

L'ultimo ricordo felice condiviso è un concerto di Lucio Dalla e Francesco De Gregori allo stadio di Bologna. La prima volta era stato rinviato per pioggia, una piccola amarezza. Ma ci fu una seconda opportunità e ci ripresentammo, tutti e tre: io, R., il mio migliore amico dei tempi del liceo, e S., la sua ragazza. Dalla e De Gregori avevano fatto insieme un album intitolato *Banana Republic* e così si chiamava anche la tournée. Quasi tutti conoscono la canzone *Ma come fanno i marinai*, io preferivo quella che dava il titolo alla raccolta, anche se anni dopo venne associata a una catena di abbigliamento. Non sapevo fosse la cover italiana di un pezzo già famoso, né che la facessero addirittura gli Inti-Illimani. Mi struggeva la prospettiva di essere un espatriato tra rum e balere. Era l'anno della maturità e, come tutti, anche noi tre sognavamo di andarcene lontano. Invece, uscendo dal concerto "attraversammo la notte a piedi truffando la malinconia": S. stava morendo. Aveva il cancro ai polmoni a diciannove anni, senza aver mai fumato una sigaretta. Ricordo tutto dei pochi anni che seguirono. E vedo ancora adesso, nitido davanti a me, R. che arriva all'ospedale poco dopo le due di un pomeriggio d'autunno con una rosa rossa in mano per suggellare la fine con un estremo dono. Avevamo ventidue anni, sapevamo poco più di niente, rubavamo i libri alla libreria Feltrinelli, studiavamo Giurisprudenza e Medicina, tifavamo per il Bologna, io amavo più De Gregori, lui Dalla, quando ci innamoravamo pensavamo sarebbe durata per sempre. La vita era in totale disaccordo. Quel che voglio dire è che non eravamo preparati, ma ci toccò presto crescere.

Ora, il ricordo a cui voglio arrivare è questo: qualche tempo dopo il pomeriggio della rosa, camminavamo sotto il portico che conduce al nostro vecchio liceo. Era inverno, io avevo un cappotto blu, R. un parka dello stesso colore. Facevamo lunghe passeggiate e parlavamo, perlopiù di sport.

All'improvviso rallentò e disse: "Sai, all'inizio tieni tutto. Ti sembra che ogni cosa sia irrinunciabile. Proprio tutto. *Un mozzicone di matita gialla* ti ricorda una sera passata insieme a sottolineare un libro di filosofia, lo tieni, lo guardi, pensi che buttarlo sarebbe un peccato, o peggio ancora un tradimento".

Fece una pausa mentre continuavamo a camminare, aspettai il resto senza incalzarlo.

"Poi," continuò, "poi... piano piano capisci che non ti serve niente, che puoi fare davvero a meno di tutto, dei biglietti del cinema, dei dischi, perfino delle fotografie. Le ultime a cui rinunci sono le lettere: quelle le chiudi in un cassetto. A chiave, magari. Il resto non è che lo butti, lo lasci andare, finisci la matita, perdi il biglietto... Capisci che l'unico archivio che conti è la tua memoria: hai tutto lì, per sempre. E a quel punto ti domandi una cosa: sarà una fortuna... o una maledizione?"

Quel che conta è tutto lì, nella memoria.

Da giornalista faccio una cosa che lascia interdetti molti. Durante le interviste non registro e non prendo appunti. Parlo, ascolto. Anzitutto penso che l'interlocutore sia più a suo agio (anche se spesso dopo un po' domanda: "Quando comincia l'intervista?"). Una volta tornato a casa o in albergo, solo allora apro un taccuino e scrivo parole, una per ogni concetto o frase che intendo riportare. Mi affido alla memoria come selezione: quello che non trattiene, evidentemente non valeva la pena di essere riportato. Ho trovato conforto in un modello.

Nel suo memorabile (l'aggettivo non è casuale) *Il più mancino dei tiri*, scrive Edmondo Berselli: "Sostengo che la memoria è l'unica cosa che conta nella vita. Memoria nel senso di vita partecipata e vissuta... gioco di società, ricostruzione individuale e collettiva dei nomi, degli avvenimenti, delle durate, delle filastrocche, delle canzoni, delle squadre...".

Abbasso Wikipedia. Viva Fernand Braudel. Come ricorda (il verbo non è casuale) Berselli, questo storico francese scrisse uno dei suoi saggi più importanti, *Civiltà e imperi del Mediterraneo nell'età di Filippo II*, in una baracca di prigionia durante la Seconda guerra mondiale, a memoria, senza poter consultare né una fonte né un documento. Sbaglia qualcosa? Non sbagliano forse anche gli archivi? Potete trovarci una notizia, ma se non troverete anche (e vi sfido) la smentita, avrete una mezza verità, o peggio una falsità.

Meglio confidare nella memoria, tenerla esercitata: è un alleato prezioso e insostituibile, ma soprattutto è l'unico contenitore indispensabile.

Di solito è la tecnologia ad adeguarsi al progresso dell'umanità, a soddisfarne i bisogni. Ci porta sempre più lontano e sempre più velocemente. Ci fa vivere sempre più a lungo e in modo sempre più sicuro. Da qualche tempo è la tecnologia a indicarci il percorso: contiene sempre di più in sempre meno spazio. Guardate il percorso della Apple, che è regina di innovazione in questa fase storica. Ha ridimensionato lo schermo del computer, poi lo ha ridotto a tablet, ha infilato diecimila canzoni in un iPod, poi ha preso tutto questo e l'ha fatto entrare in un solo oggetto, l'iPhone, tascabile multitasking che ha bisogno di una sola cosa, oltre all'energia: la memoria. *Memorie immense in spazi minimi.* Memorie che bastano a se stesse: i dati che contengono sostituiscono enciclopedie, raccolte di dischi, videoteche. Sta tutto lì, nella memoria. L'indicazione è chiarissima. Hai davvero bisogno di un "souvenir pour souvenir"? Di un ricordino per ricordare?

La vita non è come è stata, ma come la ricordiamo. Non trasfigurandola, ma limitandone il carico, semplificandola. Non hai visto la partita? Bastano gli highlight, le azioni più significative, a dartene il senso. La memoria è un selezionatore naturale: ti consegna senza molti sforzi di scelta, senza neppure l'ombra del rimpianto, il "best of", la "top ten". Puoi starne sicuro più che del tuo giudizio.

Fidati della tua memoria. E dopo averlo fatto, essù, fai uno sforzo ancora: sparale.

Non al cuore, qua e là. Falle dei buchi. Ricordare tutto è non solo una grande fatica, ma un intollerabile peso. Limitabile, però. A volte accade naturalmente. Nello stesso mese di febbraio del 2015 sono successe due cose. È venuta fuori la storia di un medico, definito "lo smemorato di Codogno". In seguito a un incidente avvenuto nel 2013 si era risvegliato convinto di vivere nel 2001, senza alcuna traccia dei dodici anni seguenti. Familiari e amici gli hanno procurato una "memoria ex post", una specie di sussidiario della storia del mondo e di sé che conteneva solo il meglio e lo esentava dalla fatica di trasportare i ricordi peggiori e più pesanti. Quasi contemporaneamente, il pilota di Formula Uno Fernando Alonso ha sbandato misteriosamente su un circuito di prova ed è andato a sbattere. Nella foschia mediatica che è seguita si è detto che anche lui al risveglio aveva retrodatato la propria esistenza, aveva addirittura esordito così: "Mi chiamo Fernando, piloto go kart e sogno di correre in Formula Uno". Chi sarebbe stato più felice di lui? Per uno scherzo della memoria desiderava quel che già aveva.

Invece, l'idea di perdere i ricordi ci spaventa. Li consideriamo un "patrimonio" da non dissipare. Con la tecnologia abbiamo imparato a proteggerli convertendoli in memoria digitale. Stipiamo documenti e scritti in file elettronici conservati nei computer o nelle cloud, nuvole in cieli invisibili che li smaterializzano. Selezioniamo testi, musiche, immagini e li affidiamo a supporti portatili dove possiamo ripescarli con un semplice gesto delle dita. Ma attenzione: quei supporti sono nient'altro che oggetti, come tali possono essere smarriti. Perfino la "nuvola" può dissolversi, misteriosamente come si è formata. L'evento appare inizialmente traumatico e getta nella disperazione, come se si fossero perduti frammenti di esistenza. In realtà l'esistenza è quella che viviamo, quella che abbiamo vissuto è la sua storia. Siamo funamboli sulla corda, dobbiamo guardare sempre avanti. Finché ci siamo possiamo ricreare il nostro universo e, in esso, la nostra "nuvola". Invece di ri-vedere un film o ri-ascoltare una musica che abbiamo immagazzinato possiamo ri-cercarli, e sai quanto più grande sarà il piacere di ri-trovarli? Metti di voler ri-leggere una frase contenuta in un libro. Se lo hai su e-book ti basterà attivare la funzione cerca, dando una parola chiave, et voilà: eccoti a dama. Se invece hai il libro su carta, senza sottolineature o "orecchie" alle pagine, dovrai sfogliarlo e facendolo ri-leggerai altre frasi, ti re-innamorerai di parti che non avevi notato, alla fine ri-tornerai dove volevi arrivare, ma avrai fatto un percorso. Il mondo è quel libro: opportunità, trabocchetti e traguardi. Se poi lo dovessi perdere, prova a ricordarlo. La citazione non sarà esatta, ma sarà quel che di quella frase ti è rimasto. La memoria, anche quella digitale, si può perdere, riacquistare, sostituire con una elaborazione fatta di nuove selezioni. E, così facendo, perfino migliorare.

O, invece, taroccare. Tutta la guerra delle identità si basa su affermazioni di memorie contrapposte, storie riscritte, passati piegati alla bisogna. Lo ha detto bene Milan Kundera nel *Libro del riso e dell'oblio*: "Tutti dicono sempre di voler creare un futuro migliore, ma non è vero. Il futuro è un vuoto insignificante che non interessa nessuno. È il passato a essere pieno di vita, a essere capace di irritarci, provocarci, offenderci, a farci venire la tentazione di cancellarlo o modificarlo. La sola ragione per cui si vuole governare il futuro è avere la possibilità di governare il passato. Si combatte per avere l'accesso ai laboratori dove vengono ritoccate le fotografie e riscritte le biografie e la storia stessa".

La storia che ci viene proposta non è affidabile perché nessun ricordo lo è.

Quelli che conserviamo con cura sono spesso gioielli farlocchi, riscritture della nostra autobiografia. E se anche non fosse: *ricordare tutto fa male.*

Esiste un archetipo letterario: Funes el memorioso, personaggio di un racconto di Jorge Luis Borges nella raccolta *Finzioni*. L'autore lo incontra per la prima volta nella cittadina di Fray Bentos, "in una sera di marzo o di febbraio del 1884". In seguito riceve da lui una lettera in cui l'altro, ben più preciso, ricorda quell'incontro, disgraziatamente fugace "del giorno sette febbraio dell'anno ottantaquattro". Nel frattempo il giovane Funes ha avuto un grave incidente, una caduta da cavallo che l'ha lasciato paralizzato. Scrive per chiedere in prestito uno dei libri in latino che il narratore si è fatto spedire e un vocabolario "per la buona intelligenza del testo originale, poiché ignoro ancora il latino". Stupito dalla pretesa di affrontare un testo in una lingua sconosciuta, il narratore acconsente. Richiamato a Buenos Aires, va per farsi restituire i due volumi e trova Funes nell'oscurità, intento a declamare in latino, idioma che ormai padroneggia: la caduta da cavallo ha reso la sua percezione e la sua memoria infallibili.

Scrive Borges: "Sapeva le forme delle nubi australi dell'alba del 30 aprile 1882, e poteva confrontarle, nel ricordo, con la copertina marmorizzata d'un libro che aveva visto una sola volta, o con le spume che sollevò un remo, nel Río Negro, alla vigilia della battaglia di Quebracho".

Gli fa dire: "Ho più ricordi io da solo, di quanti ne abbiano gli uomini tutti insieme, da che mondo è mondo". Ma soprattutto: "La mia memoria, signore, è come un deposito di rifiuti".

Quando, è chiaro, dovrebbe essere un giardino ben coltivato, senza erbacce.

Che razza di dono ha ricevuto in sorte Funes? Ancora Borges: "Discerneva continuamente il calmo progredire della corruzione, della carie, della fatica. Notava i progressi della morte, dell'umidità. Il meno importante dei suoi ricordi era più minuzioso e vivo della nostra percezione d'un godimento o d'un tormento fisico". Quando infine lo vede nell'esitante chiarore dell'alba, "monumentale come il bronzo ma antico come l'Egitto", il narratore pensa "che ciascuna delle mie parole, ciascuno dei miei movimenti, durerebbe nella sua implacabile memoria". E si gela.

Nell'ultima riga ci informa che Funes morirà di lì a poco, all'età di ventun anni. D'una congestione polmonare. Presumibilmente, anche di stanchezza. Ricordata per ogni istante, per filo e per segno, una vita di ventun anni ne vale molte di più al tempo stesso. Consuma e infine uccide.

Funes el memorioso si è reincarnato spesso.

Per esempio in Jill Price, una donna della California, o in Brad Williams, un uomo del Wisconsin. Entrambi ricordano tutto. Basta dire loro una data e rievocano avvenimenti precisi che vi sono accaduti, nella loro privata esistenza come nella cronaca che si fa storia. Tutti e due sono stati messi sotto osservazione dallo stesso neurobiologo, il dottor James McGaugh, superando ogni test senza mai un errore. McGaugh ha coniato un nome per la loro condizione: sindrome ipertimestica. Tra i due esiste tuttavia una differenza fondamentale: mentre l'uomo è perfettamente a suo agio con quel passato a rimorchio che si ritrova, la donna ne è fortemente stressata. Non sopporta l'idea di vedere continuamente la propria vita srotolarsi nella mente, per intero, senza falle. *In scala 1:1*, la riproduzione dell'esistenza dev'essere oltremodo ingombrante. La sua sensibilità è la mia. Come può sopravvivere serenamente, quell'altro?

C'è un tizio, di nome Gordon Bell, che dal 2001 si procura artificialmente questa memoria. Si è sottoposto al progetto My Life Bits e gira con un apparecchio che, minuto per minuto, scatta foto intorno a lui, registra luci e ombre, temperatura, posizione. Per poi poter archiviare e un giorno ricostruire tutto: a che scopo?

Credo che il valore e la funzione dei ricordi siano sopravvalutati. Attenzione: non sto dicendo che vada cancellato il Giorno della Memoria, ma che non sia necessaria la memoria di tutti i giorni.

Quando vivevo in Libano andai in analisi da uno psicologo che insegnava all'università americana di Beirut. A convincermi fu il fatto che potevo parlargli in inglese, anziché nella mia lingua, mettendo una distanza tra me e la mia storia, come se stessi raccontando quella di un altro.

Ho scoperto molto tempo dopo che era una scelta condivisa. Mi trovavo a New York e avevo assistito a una rappresentazione teatrale della vita di Simon Wiesenthal, il sopravvissuto all'Olocausto che passò il resto dell'esistenza dando la caccia ai nazisti. L'attore del monologo si fermò per rispondere a domande del pubblico e gli fu chiesto se avesse parlato con reduci dei lager e che impressione ne avesse ricavato. Tom Dugan, questo il suo nome, disse di sì e che nel raccontare gli erano sembrati freddi, quasi meccanici. Un uomo seduto accanto a me intervenne: "Perché lo facevano in inglese, non in tedesco o polacco, avessero usato la lingua madre, quella in cui parlavano quando le cose accaddero, avrebbero rivissuto e...". Si interruppe, sopraffatto dalla commozione.

Durante uno dei primissimi incontri lo psicologo di Beirut mi domandò quale fosse il mio primo ricordo in assoluto.

Risposi: "Io che rompo un vaso appoggiato su una mensola nell'ingresso di casa e mia madre che si arrabbia".

Gli parve una rivelazione densa di conseguenze: "Il tuo primo ricordo è tua madre che ce l'ha con te???".

Risposi di sì, ma avrei voluto dire no: il mio primo ricordo è la banda degli zampognari sotto il portico di Santa Lucia, il centravanti danese Nielsen che segna un gol alla Fiorentina in trasferta, la discesa dal cielo delle gemelle Kessler.

Era chiaro che il terapeuta libanese interpretava quel momento come fondamentale, probabilmente alla base di conflitti, con mia madre o con il genere femminile, se non quello umano, da cui mi sentivo probabilmente respinto. In realtà mia madre è una vispa signora bolognese con cui ho avuto una relazione normalmente contrastata, con il genere femminile sono andato molto d'accordo, un esponente alla volta, per blocchi di anni, e con quello umano sono venuto a patti, cercando di rappresentarlo senza infamia, in un quadro di reciproca tolleranza.

Purtroppo la psicanalisi ricerca traumi, anziché il loro opposto. Scova l'interruttore delle psicosi, anziché quello della felicità. Rinnega l'insegnamento dello scrittore americano Kurt Vonnegut: quando siete felici, fateci caso. In un discorso alle neolaureate di una università della Georgia raccontò di suo zio Alex, un uomo che trovava deplorevole l'incapacità degli esseri umani di rendersi conto della loro felicità, di mettere un segnalibro alle pagine belle dell'esistenza. Scrive Vonnegut: "Lui invece faceva del suo meglio per riconoscere apertamente i momenti di benessere. Capitava che d'estate ce ne stessimo seduti all'ombra di un melo a bere limonata e zio Alex interrompeva la conversazione per dire: cosa c'è di più bello di questo?".

Ecco l'uomo che avrei voluto per analista: *uno speleologo di felicità sepolte*. Invece di un trafficante in brutti ricordi rimossi.

Ahi. Ho usato la parola tabù: rimozione.

Proibito.

Le esperienze negative si elaborano, non si rimuovono.

L'elaborazione è più difficile, richiede più sedute. La rimozione si può fare da sé, a casa, nel tempo libero. Non risolve? Chi l'ha detto? E comunque: "L'oblio è una forma di libertà," ha scritto il poeta Kahlil Gibran, libanese come il mio psicanalista.

Concordo. Recentemente la giurisprudenza ha stabilito l'esistenza di un diritto all'oblio. Fatti accaduti nel passato, come una condanna scontata, un incidente risarcito, non devono essere rivangati quando si torni a parlare di chi ne è stato protagonista. La cosa ha posto un problema per gli archivi elettronici, come Google e Wikipedia, che tutto registrano. Noi non siamo elettronici. La nostra memoria non lo è. La nostra esistenza non lo è. L'elaborazione è elettronica. La rimozione è umana. L'oblio, una forma di libertà. Tra la libertà e la sicurezza ho sempre scelto la libertà. Tra la libertà e la salvezza, la libertà. Sopra ogni cosa. Volete farmi venire un dubbio: la libertà o la bellezza?

Eppure, da bambino ero fiero della mia memoria. Il nonno con cui vivevo mi portò a spasso con lui un solo pomeriggio della mia vita. Non si agiti, dottore di Beirut, non c'è recriminazione, è un fatto, che non avrei voluto diverso: si aggirava per orti, vigne, comprava conigli, giunto a casa li spellava, forse è stato meglio così, meglio aver condiviso un solo pomeriggio. E comunque quel pomeriggio andò per cantieri edili: cercava una casa ideale, un appartamento esposto il più possibile a sud, dove trasferire la famiglia. A sera disse a mia madre di averne visto uno: ricordava dove, ma non aveva trascritto il numero di telefono per contattare chi si occupava della vendita. Intervenni recitandolo a memoria: avevo memorizzato tutti i cartelloni dei cantieri per poi sorprenderlo e compiacerlo. Non comprammo mai quella casa. Mio nonno morì poco dopo. E io viaggio anche per allontanarmi dalla memoria, per renderla foschia all'orizzonte, nel retrovisore, evocata in altre lingue, come fanno i sopravvissuti, fino a renderla polvere.

In un bel racconto intitolato *The Golden Vanity*, lo scrittore americano Ben Lerner fa vivere al protagonista una sedazione farmacologica per l'estrazione di un dente del giudizio che non cancella il dolore, ma il suo ricordo. Il racconto si conclude così: "Quando il mattino dopo si alzò tardi e prese il caffè – col ghiaccio per non compromettere la cicatrizzazione – se ne rese conto: me lo ricordo eccome, il viaggio in macchina al rientro, il panorama, la carezza sui capelli di Liza, la bellezza incomunicabile destinata a scomparire. Tutto questo me lo ricordo, il che vuol dire che non è mai successo".

E io vorrei poter dire lo stesso della rosa rossa tra le mani di R., del concerto di Dalla e De Gregori, di tutte le matite gialle smozzicate, e uscirmene di casa adesso, i lampioni di via Nazionale come quelli di Parigi, città e incontri che si sovrappongono, New York oltre Beirut, il cuore senza pesi, il sonno soave di un gatto, nessuno che bussa alla porta dei miei sogni, domani come una promessa che si ripete con infinita dolcezza, e attraversare la notte, senza malinconia.

Lo faccio, sto per farlo. Perché non vieni con me? Che cosa te lo impedisce?

6.

Beati i figli di Sting

Dopo il primo trasloco della mia vita (avevo tredici anni), mia madre arrivò a casa con un grande sacchetto di plastica. Ne estrasse un tappeto da bagno nuovo e lo mostrò con orgoglio: mi parve, in effetti, splendido. Lo toccai: era alto, soffice, già pregustavo la sensazione di calpestarlo a piedi nudi. Anche il colore, un ocra solare, mi piaceva: pensai avrebbe addolcito i risvegli, rallegrato le mattine.

Compiaciuta del successo, mia madre lo arrotolò, prese una scala e salì a collocarlo sul ripiano più alto del ripostiglio. In bagno rimase il vecchio e consunto tappeto di sempre. Finito quello, ne seguì un altro, di scarsa qualità. E un altro ancora, finché io feci il mio secondo trasloco, da solo. Non ho mai visto quel meraviglioso tappeto nel bagno di mia madre, che non si è mai più trasferita. Sospetto che sia ancora sul ripiano più alto del ripostiglio, temo lo erediterò e mi domando perché. Voglio dire: ha senso comprare un biglietto di seconda classe se non puoi permetterti la prima o intendi risparmiare. Ma comprare un biglietto di prima e uno di seconda per poi viaggiare in questa inferiore sistemazione tenendo l'altro biglietto ben custodito in tasca, questo, che senso ha? Lo chiesi a mia madre e ottenni risposte a base di: "grandi occasioni" (in bagno?), "cose da rispettare" (imprigionandole e dimenticandole?), "piacere di possedere" (senza usufruire?).

Molti, troppi, hanno il doppio di quanto necessitano. Alcuni, certo, il quadruplo. L'un per cento ha fabbriche di tappeti da bagno e *bagni sontuosi perfino nelle barche*. Non sto facendo ricorso a categorie marxiste, non rievoco le pagine del *Capitale* dedicate all'accumulazione originaria. Sto parlando qui di un'accumulazione più che secondaria, una sindrome che affligge ogni strato e classe sociale. Sto parlando delle infinite, quasi tutte sbagliate, declinazioni del verbo "possedere". Che per me significa: essere posseduti. Credi sia attivo, invece è passivo.

La critica del possesso è radicale, o non è. Già è terribile la parola. Molto peggiore di proprietà (il possesso, non la proprietà, è un furto: di cose e di anime). Anche nel diritto civile, la sfumatura che divide i due concetti fa sì che il possesso sia meno fondato, eppure alla fine ugualmente garantito. Basti pensare all'usucapione: possiedi per anni qualcosa che non è tuo, ne fruisci e questo qualcosa diventa tuo. Il possesso è soffocante fin dalla pronuncia. Evoca vecchi avari, coniugi gelosi e ossessivi (parola assonante), evoca cassetti e casseforti. Le merci in possesso non circolano. Le persone in possesso non sono libere. Chi è posseduto è indemoniato. Ma soprattutto: chi possiede non è felice. Anche se per riuscirci si è sacrificato, ha penato, sognato, realizzato.

Nell'estate del 2014 il "New York Times" ha pubblicato un articolo dal titolo *Is Owning Overrated?*, il possesso è sopravvalutato? Faceva notare la crescente diffusione del noleggio o affitto, praticamente di qualsiasi cosa: non solo auto, abiti da sera o case vacanza, ma anche opere d'arte, fidanzate, bouquet da sposa. Cani. Droni. Tutto questo non era interpretato come un definitivo allontanamento dalla cultura del possesso, tantomeno come una presa di coscienza ecologica (meno cose circolano, meno si distrugge il pianeta). Nata come una risposta alla recessione, questa tendenza è diventata il modo per possedere a termine quel che non si può possedere per sempre (una borsa da cinquemila euro, un dipinto da centomila). In sostanza un altro modo di apparire, quindici minuti di passerella sospesa sopra il proprio limite. Come spesso accade, tuttavia, ciò che si cerca non è al traguardo, ma lungo la strada. È nel mezzo dell'articolo che si afferma: "Secondo una serie di studi, l'attesa del possesso di un oggetto dà un piacere superiore al possesso effettivo". Chiunque può disegnare una "parabola del piacere" rispetto a una componente del proprio patrimonio. Il picco tende a essere nella vigilia, quando lo si immagina, lo si desidera, si lotta per averlo. Quasi allo stesso livello, il momento in cui finalmente ci si mettono le mani sopra. Da lì in poi è tutta discesa: piccole delusioni, abitudine, obsolescenza. Il ciclo emotivo descritto da Giacomo Leopardi nel *Sabato del villaggio* ("Questo di sette è il più gradito giorno, pien di speme e gioia: diman tristezza e noia recheran l'ore, ed al travaglio usato ciascuno in suo pensier farà ritorno") è applicabile al rapporto con qualunque cosa. E quasi qualunque persona.

Accumulare è una malattia. Socialmente pericolosa. Edgar L. Doctorow ha scritto un romanzo straordinario, *Homer & Langley*, sui più grandi collezionisti di ciarpame della storia. Narra l'epopea dei fratelli Collyer, a cui va il discutibile merito di aver dato il nome alla sindrome. Uno pianista, l'altro avvocato, uno reduce dalla Prima guerra mondiale con ferite psichiche, l'altro avviato alla cecità, fecero della loro bella casa a Harlem un deposito dell'infinito. Quando, richiamata dai vicini, la polizia fece irruzione nel marzo del 1947 trovò il cadavere del primo fratello e scavò per cinque giorni prima di rinvenire quello del secondo, morto di fame e sepolto sotto centoventi tonnellate di cianfrusaglie, cinque pianoforti, una Ford modello T. Sono stati i precursori di una genealogia disperata che ha trovato il suo quarto d'ora di celebrità in programmi di tv spazzatura, letteralmente, in cui assistenti sociali affettuosi e disgustati cercano una via d'uscita in un cumulo di macerie umane e materiali. La cosa curiosa è che accumulino tanto i ricchi quanto i poveracci. Che la casa di Donald Trump sia soffocante quanto quella di una disperata di Quarto Oggiaro, che vedendo entrambe si senta il bisogno di aprire una finestra e respirare.

Chi accumula fa del male anche a te, digli di smettere. Ti presenterà una serie di alibi. Dirà che quelle cose sono i ricordi di una vita, i segnali senza i quali il percorso andrebbe perduto. Fagli leggere i due capitoli precedenti ("Lost is found" e "Ricordati di non ricordare"). Ti parlerà d'amore: per le cose e/o le persone che detiene. La scelta del verbo non è casuale. Il possesso si detiene. L'oggetto del possesso è detenuto, come chi è prigioniero in carcere. Quando si ama qualcuno lo si lascia libero. Le merci devono circolare, le persone devono circolare. Fermarsi, quando è indispensabile, quando si creano incroci miracolosi in cui la cura è reciproca, la simbiosi mutualistica. Verrà a questo punto invocato l'argomento altruistico: non lo si fa per sé, ma per qualcun altro. Di solito: per i figli. L'Italia è stata ed è in parte ancora una Repubblica fondata sui figli. Alleviamo generazioni di disoccupati. In Italia i giovani senza lavoro sono al momento in cui scrivo il quarantatré per cento, in Europa il ventisette per cento, ma queste cifre sono raddoppiate in sette anni. I genitori accumulano come formiche per sfamare il lungo inverno scontento delle loro formichine. Danno un alibi a se stessi, ma soprattutto lo danno a loro: *mal che vada, eredito.* Non ho mai particolarmente amato Sting come cantante, ma l'ho adorato quando ha detto: "Ai miei figli non lascerò un centesimo: devono contare sui loro meriti e non sui miei soldi, e lo sanno".

I figli di Sting sono un nuovo prototipo a cui ispirarsi. Il loro antenato è l'attore Roberto Benigni quando, premiato all'Oscar, disse: "Ringrazio i miei genitori per avermi fatto il dono della miseria". Pochi capirono, ma era il riconoscimento di un atto d'amore: non dare possessi, ma affetto, stimoli, fiducia. Libertà.

I figli di Sting crescono. Scelgono sempre la soluzione meno ingombrante, più leggera, più flessibile. Transitoria? Che male c'è? La nostra stessa posizione nel mondo è quella di un pop-up store, il negozio a tempo. Sbuca, dove c'era un cartello affittasi in una strada molto battuta. Propone un prodotto innovativo, da testare. Qualche mese e se ne va a sperimentare altrove. Sembra la storia della mia vita: pop-up life. Il negozio che esagera con gli spazi, la pubblicità, le aspettative, gli indebitamenti, quando chiude, chiude davvero. E trascina a fondo con sé vite, marchi, speranze. La casa troppo grande rallenta e affossa la lumaca. Per comprarne una (e metterci il tappeto di riserva), mia madre e mio padre passarono per le forche caudine di un mutuo feroce (a cui si aggiunsero una cessione del quinto dello stipendio e un prestito a interesse zero dei nonni). Il risultato furono una decina d'anni di vita declassata, vacanze ridotte, sacrifici (parola bellissima perfino se comportasse addirittura la rinuncia alla vita, ma per scopi più nobili).

Non sto elogiando il pauperismo, né sono povero. Ho però in mente tre scene.

La prima. Joseph Heller, autore del romanzo *Comma 22*, passeggia per il giardino di una villa a Long Island dove è stato invitato alla festa di un multimiliardario. Gli viene chiesto: "Joe, che effetto ti fa sapere che solo nella giornata di ieri probabilmente il padrone di casa ha fatto più soldi di quanti il tuo famoso romanzo ne ha incassati in tutto il mondo negli ultimi quarant'anni?".

Risposta: "Io ho qualcosa che lui non potrà mai avere".

"E che cosa sarebbe, Joe?"

"*La consapevolezza di avere abbastanza.*"

La seconda scena. Patrick Pichette, vicepresidente della multinazionale Google, sta guardando con la moglie Tamar un tramonto dalla vetta del monte Kilimangiaro. Entrambi sono estatici alla vista. Lei gli chiede: "Perché non proseguiamo il viaggio fino alla fine della vita?". Possono farlo: hanno più di cinquant'anni e una rendita garantita nonché imponente. Lui esita: "Non è ancora il momento". Poi, più tardi, ci ripensa. Ha fatto abbastanza, avuto abbastanza. Google può proseguire senza di lui e lui senza Google. Stacca. Va a cercare altri tramonti. Ne ho visti, per mia immensa fortuna, tanti. Direi uno al mese negli ultimi tre anni: a Zara, in Croazia (secondo Alfred Hitchcock, il più bello), sul Bosforo in Turchia, in California settentrionale, in Brasile, in Sudafrica, ma anche a Milano. È bastato anche quello. Senza sole rosso, cielo terso, oceano, musica. È bastato a dirmi: Se hai avuto abbastanza, prenditi la vita e portala a spasso, per mano, con tutto l'amore che resta. L'ho fatto perché potevo. Ci avrei provato anche se non avessi potuto.

La terza scena, fondante per questo testo. Nel film *Up in the Air* ("Tra le nuvole"), George Clooney fa la parte di un tagliatore di teste (in aziende) che viaggia continuamente, sempre usando un perfetto bagaglio a mano. La sua aspirazione massima sarebbe contenere tutto in uno zainetto. Tiene anche un ciclo di conferenze (e progetta un libro, parente di questo), dal titolo *Che cosa c'è nello zainetto?* All'inizio del suo discorso mette sul podio lo zainetto e si fa la domanda. Guardando il pubblico immagina: mutui, rate dell'auto, rate scolastiche, alimenti, tasse, imposte, multe. Un elenco tendente all'infinito che porta ansie, risvegli alle 4 e 32 del mattino, sovraccarichi di lavoro, prestazioni improbabili, piccole illegalità (che sommate diventano grandi illegalità). Una vita d'inferno sotto il peso di uno zainetto stracarico. Di quante cose superflue?

Se questo fosse un manualetto anticonsumista ci fermeremmo qui. Come in fondo fa la generazione dei millennial, che rinuncerebbe a liberarsi di molte cose destinate ad apparire e poi sparire nelle prossime pagine.

7.

Zavorre

Nicholas (Nicky) Vreeland aveva il destino segnato. Nipote di Diana Vreeland (storico direttore di "Vogue"), figlio di ambasciatore, cresciuto nell'élite di tre continenti, coccolato dai Kennedy e dagli Agnelli, a quindici anni sviluppò una passione per la fotografia. La nonna alzò il telefono e gli procurò un lavoro nello studio di un maestro: Irving Penn. Un po' come se, quando mi venne il desiderio di scrivere, mia nonna (che manco ne era tanto capace) avesse telefonato a Italo Calvino per farmi stare alla sua scrivania. Nicky aveva tutte le stimmate del genere: vestiva da dandy, viveva da playboy, si accendevano già le luci per i set dove avrebbe ripreso modelle e attrici. Poi accadde una cosa.

Me l'ha raccontata una sera a New York, durante la presentazione di un film sulla sua vita. Si intitolava *Monk with a Camera* ("Il monaco fotografo"). Nicky era diventato un sacerdote buddista. Se n'era andato dagli Stati Uniti per l'India. Aveva indossato il sarong, meditato e studiato. Il Dalai Lama, nella sua saggezza e ironia, e alla ricerca di novità e attenzione, l'aveva nominato (primo occidentale) a capo di un monastero. Alla presentazione del film c'era la Manhattan degli attici, giacché "puoi togliere il jet set dal ragazzo, ma non il ragazzo dal jet set". Quando lo accostai, disse di avermi già incontrato. Non ricordavo dove. Mi corresse, il punto era quando: in un'altra vita. Poi, più tardi, raccontò la cosa che aveva cambiato il corso della sua, di vita.

Era già un fotografo riconosciuto quando andò a vivere in un appartamento nell'East Village, all'epoca un quartiere non troppo sicuro. Infatti, mentre era assente entrarono in casa e gli rubarono tutte le macchine fotografiche. Perse ciò a cui teneva di più. E trovò se stesso. L'attrezzatura era assicurata. Con il premio poteva vivere per mesi, forse perfino un paio d'anni, senza lavorare. Così fece, dedicandosi alla sua vocazione principale: quella spirituale. Quando i soldi finirono, aveva scelto: sarebbe diventato un monaco. Solo molto più tardi ridivenne, anche, un fotografo. Se non avesse perduto le sue macchine sarebbe stato soltanto la cosa che lo avrebbe soddisfatto meno.

Come Nicky, tutti noi abbiamo troppe cose che non ci servono o ci portano sulla strada sbagliata, bagagli troppo pesanti che ci inducono a scegliere percorsi più facili per non faticare troppo. Amiamo il segno più e il meno ci spaventa. Eppure, "fare a meno" è un verbo da coniugare con esultanza.

Non sto qui seguendo il cammino spirituale di Nicky Vreeland. Non ho mai avuto né mai avrò questa vocazione. Lo dico senza né rimpianto né baldanza: la mia è una via laica alla rinuncia, una scelta pragmatica e nulla più. Per questo ora invocherò padrini altrettanto laici.

La stilista Coco Chanel insegnava, prima di uscire di casa, a guardarsi allo specchio e togliere almeno un accessorio o un capo d'abbigliamento.

Less is more, "il meno è più", è un famoso motto attribuito all'architetto Ludwig Mies van der Rohe, cultore dell'essenzialità nel disegno.

Less is more è, anche, una frase che può essere ribaltata: *more is less*, "il più è meno". Più accumuliamo e meno abbiamo veramente. Crediamo sia una ricchezza, invece è un impoverimento. Vale in molti campi.

In Giappone hanno creato una sorta di "arte del meno". Si chiama *danshari*. Il nome viene dall'unione di tre verbi: *dan* ("rifiutare"), *sha* ("buttare"), *ri* ("separarsi", dal desiderio di possesso). Francine Jay ci ha scritto un saggio, intitolato *The Joy of Less*, la gioia del meno.

È intuitivo che si possano rifiutare molte delle cose che si ricevono (dimmi, che cosa ne fai davvero dell'annuale agenda che l'impiegato della tua banca ti porge a Natale? Le tieni tutte su uno scaffale, bianche le pagine, ordinate per anno?). Ma si possono rifiutare anche inviti (dimmi, che cosa ci vai a fare a quella cena, per essere visto, per poter dire di esserci stato?), apparizioni (fai quello che fai perché ci credi o per farlo credere?), promozioni (dimmi, vuoi davvero lavorare di più e guadagnare di più per procurarti un garage più grande, un fegato più grosso e, alla fine, un funerale più costoso?).

E si possono buttare un'infinità di cose, per mille buoni motivi. Meghan Hanika, che gestisce un negozio dell'usato a Soho, mi ha proposto una valigetta di pelle che pareva nuova. Il proprietario l'aveva acquistata al mattino, a pranzo la fidanzata l'aveva lasciato, nel pomeriggio lui l'aveva rivenduta a un quarto del valore "perché considerava terapeutico liberarsene". A sera non l'ho comprata, per sicurezza. Ma non è solo di vestiti, accessori o mobili che parlo.

Un segno meno può essere messo davanti agli amici. Non lo direi se la parola non fosse stata svilita, svuotata del suo significato puro e alto. Che cosa sono mai gli amici virtuali, gli amici di Facebook? Abbiamo contrabbandato la parola "amico" con la parola "contatto". È tutt'altra cosa. Un "contatto" serve. Un amico viene servito. E riverito. I contatti sono conoscenze, agganci, persone che possono essere utili.

Gli amici sono, come ogni rarità, lussi. Indisponibili, troppo preziosi per finire su eBay. Quanti puoi averne, in una vita? Quante dita hai in una mano? Troppe, al confronto. Scusa, usa quella mano, prendi il tuo cellulare e passamelo, per favore. Questa è la tua rubrica, giusto? Hai 348 contatti. Quanti di questi numeri chiami, diciamo una volta al mese? Trenta? E gli altri? Ti servono? Che lavoro fai? Sei un amministratore delegato? Uno di quelli che, appena nominato, già briga per garantirsi la prossima posizione? Hai una carriera? Oppure hai un'anima? Hai due braccia larghe quanto? Quello è il numero di persone che puoi abbracciare, contattare in senso stretto, ma proprio stretto. Fai pulizia. Cancella ogni settimana due numeri che non usi da un anno. Dedica più tempo a chi conta veramente per te ed elimina chi pensi ti possa servire e basta. Perché questa è la notizia: non lo farà. Ci sono persone che ti invitano a fare una passeggiata nel parco e ti offrono un ghiacciolo mentre parlate. Quattro anni più tardi ti ricorderanno quel che ti era sembrato un piacevole pomeriggio fuori dagli schemi e ti chiederanno di appoggiare un progetto che hanno presentato alla tua azienda. Cancellali ora, evita che possano invitarti a quella passeggiata. Non farai carriera. Non la faresti comunque, la carriera è per *quelli del ghiacciolo premeditato*. Se pensi di contare qualcosa perché, entrando nella "location" di un "evento" stringi più mani e vieni riconosciuto da più persone, sappilo: quello che conta veramente è il tipo di cui si stanno chiedendo con preoccupazione chi diavolo sia. Lui, tra l'altro, è vestito meglio di te.

E le informazioni, le preziose, irrinunciabili informazioni? Chi ha le informazioni ha il potere, si dice. Ed è vero, a patto che si tratti delle informazioni necessarie, giuste, precise. Il giornalismo (che è una fonte secondaria) insegna a distinguere le fonti primarie, a far diventare informazione ciò che è credibile e spesso lo è perché proviene da una credibile fonte. Questo, almeno in teoria. Se stampa e televisione non avessero setacciato le fonti sarebbe stata Babele. Esattamente quel che ha creato la rete. Non ho nessuna nostalgia, ma neppure un entusiasmo assai più cinico che ingenuo. Sulla rete non esistono filtri, quindi non esiste autorevolezza. L'articolo d'inchiesta occupa lo stesso spazio del post di un blog anonimo. Ma se il secondo fa più scalpore, o provoca più risate, sarà molto più cliccato. Prendi un qualsiasi evento, mettilo nella rete e otterrai l'effetto di quel gioco chiamato telefono senza fili, in cui, passata di bocca in bocca, la frase "abbattute le Torri gemelle" diventa "ma fate il brodo di pollo?". Su Dallas si sono raccontate un certo numero di sciocchezze, creati fotomontaggi (in uno, lungo il percorso, c'era George Bush padre). Ma ci sono voluti cinquant'anni per raggiungere il livello toccato sull'11 Settembre in cinquanta minuti. Basta: c'erano impiegati ebrei al lavoro quella mattina, nessuno li avvisò di restare a casa. Meno informazioni, per favore, ma più corrette, vagliate, attendibili.

E, da ultimo: un po' meno di sé. Troppi hanno una proiezione di sé nel mondo che ingombra, eccede lo spazio per destinazione, un egocentrismo riveduto e allargato al punto che non pone più se stessi al centro del mondo, ma il mondo al centro di se stessi. Per anni ho tenuto una poesia incorniciata (seppur nel bagno, che resta tuttavia il posto dove sei costretto a fissare qualcosa per almeno due minuti senza distrarti). È di Constantinos Kavafis e dice: "E se non puoi la vita che desideri cerca almeno questo per quanto sta in te: non sciuparla nel troppo commercio con la gente con troppe parole in un viavai frenetico. Non sciuparla portandola in giro in balìa del quotidiano gioco balordo degli incontri e degli inviti, fino a farne *una stucchevole estranea*". Troppi portano la propria vita a ogni ballo, festa, occasione. Si ritengono primattori di un copione che prevede solo comparse. Accendono a giorno stanze che implorano ombra, quiete, dimenticanza: le stanze in cui vegliamo sulla nostra irrinunciabile essenza.

Il danshari, nella parte che insegna a separarsi dal desiderio di possesso, recita: impara a vivere come una farfalla. Disse Muhammad Ali, mentre si preparava alla sfida africana "the Rumble in the Jungle", contro George Foreman: "Pungerò come una vespa, ballerò come una farfalla". E vinse. La farfalla non scava tane, non arreda nidi, non ha casa. È libera e leggera. È libera perché è leggera.

Evolvendosi, tutto tende ad alleggerirsi. Non è un percorso spirituale, ma una necessità. Tant'è che per dimostrarlo vi offrirò un esempio estremamente materiale, il più materiale che esista: il denaro. I tempi di Paperone e del suo deposito pieno di monete e banconote in cui tuffarsi sono finiti. Oggi, scrive Thomas Stewart in *Il capitale intellettuale*: "Il denaro è un'immagine. È diventato etereo, volatile, elettronico. Niente più che una sequenza di uno o di zero sospinti nelle autostrade digitali, rimbalzate su satelliti. Non ha ombra, non si può toccare, non ha corpo, non pesa". Quando gioco in Borsa, o semplicemente spendo, tutto quel che accade è che cambiano le cifre su una schermata, quella del mio conto corrente on line. Come posso gioire o soffrire per così poco? Come può un uomo credersi qualcuno soltanto perché è ricco, ossia è una lunga sequenza di nove anziché un paio di due?

C'è un momento che rende tutti gli uomini uguali e li spoglia di ogni pretesa: il risveglio. Quando apriamo gli occhi tutti noi siamo appena più di nulla: un corpo senza volontà, una mente sgombra, un'anima libera. Per qualche istante non abbiamo alcuna contezza di noi stessi: non ci sappiamo avvocati alla vigilia di una causa decisiva, mariti sospettosi, pittrici senza più ispirazione. Siamo, semplicemente, nessuno. L'identità arriva successivamente, come il vestito pieno di tasche che indosseremo per uscire, il bagaglio troppo pesante che porteremo con noi. Quel momento magico si dissolve in pochi istanti, ma sarebbe una salvezza saperlo recuperare nel corso della giornata e dell'intera vita, accettando l'idea che quella, e non tutto ciò che poi ci buttiamo sopra, sia la nostra più pura identità.

Provo a spiegarlo con un disegno.

Andare dal segmento al punto è lo scopo. Non si dice forse: andare al punto? Per dire "all'essenza". Del ragionamento e di se stessi.

Esiste una figura retorica a cui tendere: si chiama sineddoche. Indica una parte per il tutto. Realizzare la sineddoche di noi stessi è un obiettivo virtuoso. Significa non identificarsi attraverso una molteplicità di segni, oggetti, valori, ma tendere a uno, autoridursi nello spazio, concedersi meno tempo: essere, non ingombrare. È un progetto privo di ambizione? Tutt'altro. La maggior parte delle persone coltiva un'ambizione di tipo verticale. Vuole salire sempre più in alto. Negli uffici i piani alti corrispondono alle posizioni di maggior prestigio, nei palazzi delle megalopoli gli appartamenti costano sempre di più man mano che salgono di altezza. L'ambizione verticale ha il paraocchi: vede solo avanti, in alto. Personalmente, sono sedotto da un'ambizione opposta, orizzontale. Invece di carriera, esperienza. Invece di riconoscimenti, conoscenza. Ho sperimentato lavori che mi tenevano fermo in luoghi dove ci si scannava per salire. Li ho abbandonati per viaggiare, perdendo occasioni e posizioni. Ho rimpianto soltanto il tempo sprecato quando mi sono illuso di poter resistere dove non ero me stesso, ma un omonimo infilato in un organigramma. L'ambizione orizzontale non determina conflitti: nel mondo (a differenza che in un'azienda) c'è posto per tutti.

Salendo si può cadere rumorosamente, estendendosi mal che vada ci si china. Non c'è miglior modo di prepararsi ad affrontare qualsiasi crisi che abituarsi al "meno" e, addirittura, al "senza".

"Senza" è una parola che ai più mette paura. La associano alla mancanza o alla perdita di qualcosa. Spesso importante. Dici "senza" e pensano "senza cuore", "senza legge", "senza arte né parte". Se si coniuga in modo permanente a un'altra, forma una terza parola miserevole come "senzatetto" o, in francese, "sans-papiers". Eppure, la vita ci insegna a *fare senza* e a proseguire, resistere e migliorare proprio per questo. Perdere è, a volte, arricchirsi: scoprire che si avevano false necessità, affrancarsi da pesi e bisogni. Si può rimanere senza qualcosa e stare meglio di prima, soprattutto se quella cosa la si è donata ad altri. Un vestito senza tasche porta già tutto: un'esistenza che basta a se stessa. Che trasporta se stessa. E, attenzione, non un'altra con sé. Sarebbe, come sto per dimostrare, un delitto.

8.

Il cadavere in valigia

Agosto 2014, accade quasi contemporaneamente a Milano e a Nusa Dua, sull'isola di Bali: due cadaveri vengono fatti a pezzi e infilati in una valigia.

Il secondo appartiene a Sheila von Wiese-Mack, sessantadue anni, laureata in letteratura: aveva lavorato per Ted Kennedy, servito due volte il tè a sua madre Rose, studiato per dieci anni con lo scrittore Saul Bellow. Era vedova di un musicista morto da otto anni e ricordato per la sua capacità di suonare indifferentemente con un'orchestra sinfonica o una jazz band. I due avevano una figlia, Heather, di diciannove anni, con cui la madre litigava continuamente: la polizia era accorsa ottantasei volte nella loro bella casa a Chicago. Questa vacanza esotica insieme era stata sconsigliata a Sheila da tutti gli amici, preoccupati. Sheila e Heather avevano preso una camera da 470 dollari a notte al St. Regis, con vista sulla baia. Dopo una settimana le aveva raggiunte il ragazzo di Heather, Tommy Schaefer, Tommy Exx sulla scena hip hop. Su Facebook, prima di partire, aveva messo questo post: "Vado in Indonesia. Potrei non tornare". Difficilmente tornerà di nuovo libero. La sera del 13, le telecamere dell'albergo lo mostrano mentre litiga nella hall con la signora von Wiese-Mack che non lo voleva lì, accanto a sua figlia. La mattina successiva lo riprendono mentre, insieme con Heather, trascina un grosso trolley grigio fino al posteggio dei taxi. Lo affidano al conducente perché lo carichi, si allontanano dicendo che andranno a prendere altri bagagli. In realtà escono dal retro e scappano. Dopo due ore viene dato l'allarme. Gli agenti notano tracce di sangue sulla carrozzeria del taxi, aprono la valigia e trovano il corpo senza vita di Sheila von Wiese-Mack. I due ragazzi vengono rintracciati e arrestati.

Qualcosa di simile avviene intanto a Milano. Lì la vittima è Adriano Manesco, settantasette anni, professore di estetica in pensione. Sulla sua vita e su come è finita è il caso di soffermarsi, per confrontarla poi con quella dei suoi assassini.

Manesco nasce a Verona il 4 gennaio del 1937. Nel corso della sua esistenza segue il consiglio del capitolo primo e si rende un bersaglio mobile: studia a Milano, lavora come insegnante di liceo a Modena e in Brianza prima di ottenere una cattedra nella città natia, va a lavorare in Asia: Corea, Singapore, Taiwan, Thailandia. Mantiene una base fissa in Italia: un appartamento non grande in via Settembrini, vicino alla stazione Centrale di Milano. Lì custodisce e lascia, come faccio io a Roma, le non molte cose a cui tiene: libri, una carta geografica dove guardare non tanto i luoghi già visitati quanto quelli da visitare, qualche oggetto esotico acquistato in viaggio, un guardaroba con pochi indumenti e ancor meno colori. Manesco è un solitario, leggero, inafferrabile. Non ha famiglia perché gay da un tempo in cui agli omosessuali non era dato formarne. I giornali daranno grande risalto al fatto che avesse frequentato il liceo dai salesiani insieme con Silvio Berlusconi. Un compagno, diventato avvocato e poi senatore nel partito da Silvio Berlusconi fondato, ha riferito con perdurante disappunto che Manesco non si era mai presentato alle cene di classe benché continuassero a svolgersi con ferale regolarità. Non portava con sé il peso del passato. A ogni svolta la sua vita lo spingeva oltre, ciò che era stato, quelli con cui era stato, rimanevano dietro la curva: *un uomo senza retrovisore*.

I vicini lo ricordano metodico. Indossava sempre jeans e camicia e portava con sé uno zainetto. Poteva sembrare uno sul punto di partire o di tornare. Più semplicemente: in viaggio. Aveva limitato le scelte: usava e trasportava l'indispensabile. Un quotidiano locale ha rintracciato gli allievi di una terza A, in quello che al tempo era un liceo classico, dove aveva insegnato per 220 giorni storia e filosofia. Meno di un intero anno scolastico, eppure aveva lasciato un segno profondo. Lo ricordano tutti, uomini e donne che oggi sono liberi professionisti: architetti, medici. O, come lui, docenti. Uno ancora pronuncia uno strano scioglilingua: "I glorioni grumano le timate". Manesco lo usava per spiegare la differenza tra sostanza e apparenza secondo il filosofo tedesco Immanuel Kant: non tutto quel che appare incomprensibile può essere privo di senso per chi lo dice. Glorioni e timate (nonché l'azione del grumare) sono dei "noumeni", cose in sé, inconoscibili. Ma qui si fa filosofia da viaggio e pertanto proseguiamo oltre. Nessuno si recherà all'obitorio per riconoscere Manesco, perché nessuno lo conosceva. Non aveva parenti stretti, né amici veri. Non fossi stato sulle orme di Custer con un bagaglio a mano e una duffel bag sarei potuto andare io, certo di coglierne i caratteri distintivi nonostante l'osceno lavoro a eliminazione fatto dai suoi carnefici.

Chi sono costoro?

Come a Bali, sono in due. I loro nomi non li riporterò perché li considero indegni di menzione. Un nome è indizio di umanità e sarebbe, in casi come questo, fuorviante. Entrambi hanno da poco superato la trentina e conosciuto Manesco attraverso un sito di annunci erotici. Sono profondamente diversi da lui non solo per età, ma anche per temperamento e cultura. Nati a Piacenza, non se ne sono mai mossi se non con la fantasia, che usano spesso, immaginandosi vite di scorta ben più favolose alle quali sarebbero destinati e di cui sarebbero stati ingiustamente privati. Concepiscono un progetto al di sopra delle loro possibilità: emigrare in Thailandia e là vivere senza lavorare. Sono i fratelli pigri dei tanti che sognano di mollare tutto e con il ricavato aprire un chiringuito, un bar di legno e paglia, su una qualunque spiaggia del Centro o Sud America. Loro, neppure la fatica del cocktail volevano fare. Il piano è: uccidere il professore, far sparire il cadavere, percepire dall'estero la sua pensione. Già da tempo sono riusciti a deviarne una parte su due carte di credito con cui hanno speso diecimila euro nell'ultimo anno. Il giorno del delitto agiscono con astuzia pari all'efferatezza. Partono dalla loro città e raggiungono quella del professore in treno. Prima di farlo hanno lasciato i cellulari, accesi, nell'auto parcheggiata a Piacenza: continueranno a segnalare la loro posizione dove non sono, procurandosi un alibi. Portano con sé il necessario per non lasciare tracce sul luogo del delitto: guanti, grembiuli di plastica, cuffie da parrucchiere. Non verrà trovato un frammento di pelle, non un capello, niente che possa consentire la prova del Dna. Hanno anche teli di plastica, fascette per immobilizzare, coltelli, seghetti, uno storditore elettrico, un paio di forbici. Progettano di colpire il professore quando è già nudo usando lo storditore, farlo a pezzi e disperderne i resti. Pensano a tutto: lo eviscerano per ritardare la decomposizione e quindi scongiurare il ritrovamento dovuto all'odore. Raschiano i polpastrelli per evitare il riconoscimento tramite le impronte digitali. Lo stesso per i denti, che prendono a martellate. Gli occhi, che distruggono. Riporto questi particolari truculenti per dimostrare che avevano programmato ogni cosa quasi alla perfezione. Butteranno il corpo a Lodi, lontano da casa loro e da quella della vittima. *Un piano perfetto, che non funziona.* Dov'è allora che si tradiscono? Com'è che vengono scoperti subito e arrestati?

Mettono tutti i pezzi in una grande valigia. Faticano a

trasportarla per le scale del palazzo di Milano, una vicina li nota e se li imprime nella memoria. Ancora peggio quando salgono sul taxi per Lodi e decidono di non infilare la valigia nel bagagliaio per paura che il sangue coli e lo macchi. La caricano sul sedile posteriore, sforzandosi di entrare tutti quanti: loro due e quel terzo passeggero. Inevitabile che la tassista resti perplessa e colpita, tanto da riconoscerli successivamente, quando la polizia cercherà testimoni di quegli spostamenti. L'avrebbero fatta franca usando, invece, due bagagli a mano? Forse sì, forse no: non è questo il punto. La grande valigia è metaforica di ambizioni fuori misura: vivere con i guadagni di un altro, in un luogo esotico, nulla facendo. Lo è anche di un piano di vita sbagliato, che passa per un omicidio mal congegnato dall'inizio: se il professore era tanto isolato e loro le sue uniche frequentazioni abituali, le indagini avrebbero comunque preso quella direzione. Probabilmente anche senza l'errore del bagaglio eccessivo.

C'è qualcosa di smisurato e folle anche nel piano, o meglio, nell'assenza di piano della figlia di Sheila von Wiese-Mack e del suo fidanzato. Sbarazzarsi della madre, vivere (anche loro) in un luogo esotico con i suoi soldi. E come? Facendola a pezzi, chiudendola in una valigia e lasciandola, pure loro, a un tassista?

Non voglio dire che, tra i viaggiatori in una hall aeroportuale con la stessa destinazione, quelli con grosse valigie sono potenziali assassini e quelli con il bagaglio a mano possibili vittime, o martiri, quindi santi. Semplicemente, quelli con lo zainetto o il piccolo trolley vanno più veloci, leggeri, non si voltano indietro, non hanno accumulato cose che rischiano di rivelarsi inutili. In fila ai controlli, credetemi, è meglio stare alle loro spalle. Nella vita, al loro fianco. Che cosa trasportano nel bagaglio? Questo è un mistero. A volte è meglio non scoprirlo. O pagare per non farlo, come sto per raccontare.

Molti anni fa, quando vivevo a Torino, andavo ogni tanto all'asta degli oggetti smarriti sui treni. Si svolgeva in un deposito della stazione. C'era di tutto: ruote, tubi lunghi tre metri, stampelle. Ti domandavi continuamente come si potessero dimenticare cose del genere in una carrozza, eppure era accaduto. Quel che mi affascinava era l'ultimo lotto che il battitore proponeva: la valigia chiusa. Non ho mai osato fare un'offerta, ma invidiavo chi se la portava a casa. Forse conteneva calze e mutande, forse un tesoro. Tenerla chiusa ancora per un po', ancora qualche giorno, mese, anno, era un modo per diventare davvero ricchi. Era comprarsi, a basso prezzo, la speranza. O l'illusione. La magia.

J.J. Abrams è una delle menti più elaborate tra i creatori di intrattenimento contemporanei. Ha ideato la serie televisiva *Lost*, scritto o diretto film che vanno da *A proposito di Henry* all'ultimo *Guerre stellari*. Ha pubblicato un romanzo composto (un libro nel libro, che ha in effetti bisogno del desueto supporto materiale) intitolato *S.* (o, all'interno, *La nave di Teseo*). Lo hanno invitato per un intervento al Ted, la conferenza che riunisce le menti più brillanti del pianeta. Si è presentato dichiarando la sua passione per le scatole, i contenitori. Li scompone, fin da piccolo, per capirne la forma nascosta. Ha elogiato l'estetica del montaggio, fatto prevalere il contenitore sul contenuto. Poi ha mostrato una "scatola magica". Gli fu regalata quando era un ragazzino. Era di cartone, aveva per logo un grosso punto interrogativo e veniva reclamizzata dicendo che "per quindici dollari ne offriva venticinque di magia". Un affarone. Era ancora chiusa con il nastro adesivo. Conteneva ancora *venticinque dollari di magia*, più interessi. J.J. ha paragonato ogni cosa che ama a quella scatola: il cinematografo buio dove entri per vivere indirettamente un'avventura, la televisione che accendi per fuggire dalla solitudine, le persone che incontri e rivelano aspetti sorprendenti, l'universo con il suo mistero. Alla fine ha detto semplicemente: "La mia scatola è sempre rimasta chiusa". E se l'è portata via.

Me ne sono ricordato quando a mio fratello è venuto in mente che, nella casa di Parigi in cui avevo abitato, c'era una cassaforte chiusa. Stavo per trasferirne la proprietà e, fosse stato per me, avrei consegnato all'acquirente le chiavi senza mai scoprire che cosa conteneva.

Invece, a quarantott'ore dal rogito, mio fratello ha evocato quello che chiamava "il segreto di rue du Temple".

"Tu non l'hai mai aperta perché non avevi le chiavi. Il precedente proprietario ti ha detto di non averla mai aperta perché non aveva le chiavi. Magari c'è un tesoro: questa è una via di gioiellieri..."

Più che altro, bigiotteria, ma il luccichio aveva già abbagliato: ora aprire quello sportello era una missione. L'ho riguardato: la serratura era coperta da una lastra di metallo su cui era incisa una specie di grande C. Facendola ruotare apparivano quattro buchi in cui infilare le chiavi sparite. L'abbiamo fotografata e siamo partiti alla ricerca di chi potesse aprirla. Il ferramenta all'angolo ha scosso la testa, non sapeva proprio da chi indirizzarci: mai visto niente di simile. Di ferramenta in ferramenta, di quartiere in quartiere, abbiamo girato mezza Parigi, superato la Senna, scollinato Montmartre. Al quindicesimo negozio abbiamo deciso di cambiare strategia: ci serviva uno specialista. Mio fratello ha chiamato un'amica che ha chiamato un amico che ha chiamato chissà chi. Certo è che dopo due ore mi ha telefonato Madame Sakono. Dall'accento non sembrava giapponese. Ha chiesto una descrizione dell'oggetto, ha detto: "Viene Rouge, mercoledì alle nove. Trecento euro. Se impiega più di un'ora, quattrocento. Dopo, non la rimette a posto. Contanti".

Il martedì sera, a cena, abbiamo scommesso sul contenuto della cassaforte. Le donne cedevano a suggestioni romantiche: un pacchetto di lettere, un braccialetto d'oro con un nome inciso sopra. Mio fratello ha puntato su: viti, polvere e un orologio. Sua figlia: una torcia. Io: niente. A questo punto si è levato un coro con la domanda: se pensi che non ci sia niente perché butti trecento euro per aprirla?

Avessi potuto mi sarei tenuto la cassaforte e il suo segreto, la valigia chiusa e il suo contenuto di speranze, ma ero a un bivio e ho scommesso, come Pascal, sulla fede, pur non credendo.

Rouge è arrivato puntuale. Poiché l'elettricità era già stata tolta, mio fratello ha portato una prolunga di dodici metri e ci siamo attaccati alla corrente della portinaia, che ha gli aculei ma non l'eleganza del riccio. Non abbiamo chiesto a Rouge chi fosse esattamente e come avesse acquisito esperienza di casseforti. Ha estratto un trapano, un cacciavite e un martello. Ha guardato a lungo la serratura prima di attaccarla. Su di lui, non avrei scommesso un euro. Tempo venti minuti e avrei perso: la cassaforte si era già aperta. Rouge ha lasciato lo sportello accostato, è arretrato, ha fatto un gesto con la mano che significava: Prego, a voi!

Già dallo spiraglio si intuiva: l'avevo azzeccata io. Nada. Nothing. Rien. O quasi. Ho passato la mano su uno dei due ripiani: liscio. Sull'altro. Mi è rimasta tra le dita una cosa: una targhetta. Sopra, c'era inciso un numero: *760.187*. Così, con il punto dopo le prime tre cifre. Rouge stava spiegando che, secondo lui, la cassaforte era stata installata, chiusa e mai più riaperta. E che aveva circa trent'anni. Io pensavo: *760.187*.

C'è una persona che ha cambiato la mia vita. Da sempre vedere un film che finisce male o leggere un romanzo drammatico mi ha condizionato l'umore per giorni. Sommandoli, sono stato male per mesi. Finché lei, uscendo da una sala di Omaha, nel Nebraska, dove avevamo visto *A Most Wanted Man*, tratto da un romanzo di John le Carré che finisce male per tutti, mi ha detto: "Non essere triste: il film è finito, ma la storia continua e, sai, dopo succede che il buono scappa dalla prigione, la spia cinica viene licenziata, esce anche il sole a Berlino, almeno nei weekend. Non era la fine, era un inizio".

E così: *760.187*. Adesso ho una nuova missione. Giocare le cifre al lotto. Trovare un punto corrispondente sulla mappa del mondo. Non credere, ma vivere come se: ogni fine, anche questa fine, fosse soltanto un inizio.

E con questo posso riaprire gli occhi nel buio di una cassa in Corea del Sud.

Mi è stato detto che era "tempo di riposare". Di arrendersi, accettare la fine. Dovevo davvero venire fin qui per sapere che "la vita è breve", "la felicità dura un attimo", "si arriva e si parte a mani vuote"? Certo che no. Eppure sì. Perché se passi tutto il tuo tempo a bere e mangiare, farti il nodo alla cravatta, aspettare persone e aerei, quand'è che ti fermi per ammetterlo? Adesso, dentro questa scatola nell'oscurità, adesso lo penso. Ma soprattutto penso: quand'è che sollevate questo cazzo di coperchio?

Chiese Kurt Cobain agli altri Nirvana la sera prima di spararsi: "Ragazzi, voi vi state ancora divertendo?".

Non sempre, neppure spesso. Tuttavia si va avanti, anche nel rispetto di chi avrebbe voluto farlo e non ha potuto. Si va avanti perché questo è e altro non c'è. Si sposa la vita in ricchezza e in povertà, nell'amore e nel disamore, per 46 ore di felicità e 228 a lavarsi la faccia e i denti.

Non aspettatevi che bussi sul coperchio o urli per farmi aprire. Ho imparato a resistere e, se ci riesco qua dentro, la prossima risonanza magnetica sarà uno scherzo. Qualcosa accadrà: *finché c'è vita c'è vita*. La speranza, quella non mi sembra fondamentale. "Non sperare in faccia a *nessuno*," ammonisce il mio amico poeta Alessandro Bergonzoni. E Franco Berardi detto Bifo in *Heroes* fornisce questi suggerimenti: "Non prendere parte al gioco, non aspettarti soluzioni dalla politica, non essere attaccato alle cose materiali, non sperare". E ancora: "Non appartenere. E ricorda che disperazione e gioia non sono incompatibili". Possiamo capire la situazione e disperarci, tuttavia essere contenti, perché ci siamo, perché capiamo, perché proveremo a risolverla e se non ce la faremo, se perderemo, non ci arrenderemo. Perché cerchiamo di regalarci, un minuto alla volta, più di 46 ore di felicità. E se poi ci rendiamo finalmente conto che l'aumento di questa cifra dipende molto spesso da altri, be', forza, pensiamo anche a come regalare a qualcuno 47 ore di felicità. Allarghiamo la nostra esperienza includendo quella delle persone che amiamo. Poche, abbiamo scoperto a lume di candela facendo testamento, ma buone.

Una voce lontana annuncia: "Ora sei pronto per rinascere".

Mi "stappano". Respiro. Tolgo la vestaglia senza tasche e

mi rimetto le scarpe. Risalgo le scale. Torno nell'ufficio di Ko Min-su, che mi offre un tè.

Gli chiedo se è religioso. Risponde di no. Se è davvero pronto per morire. Ancora no. Dice che lo scopo del "gioco" non era prepararsi a morire, ma a vivere. Mi accompagna all'uscita.

Mentirei se dicessi che ora il grigio cielo coreano mi appare luminoso. È lo stesso di prima, come lo sono io. Può finire adesso, mentre vado all'aeroporto, su uno dei tre voli che prenderò o per qualunque altro inimmaginabile motivo. Sono pronto? No. Lo accetto? Ho forse scelta? Ma finché non è finita, non è finita.

E anche allora, può sempre ricominciare.

Il futuro è una valigia da aprire accettando ogni possibile contenuto. Possiamo provare a prepararcela da noi, ma senza esagerare, appesantirci, illuderci.

Potrei dire che questo è un piccolo manuale di resistenza umana. O il prologo alla creazione di una nuova specie: più leggera, mobile, che sfugge a ogni schema e quindi sopravviverà alle mutazioni in corso. Troppo, certo. Ma pensate che rivoluzione sarebbe, che vera rivoluzione, forse l'ultima possibile: altro che destra, sinistra, gran borghesi con la faccia spalmata sulle fiancate degli autobus che vogliono rifarci l'acconciatura, semplificatori semplicisti, liquidatori liquidi, rottami venuti dal futuro. Che rivoluzione. Una generazione capace di scegliere sempre la libertà, di consumare soltanto il necessario (incluso ciò che è necessario per il piacere), di non legarsi a nulla, di saper perdere cose e battaglie senza perdersi, di non credere in idee e fedi che le sono state date, preconfezionate, alla nascita, una generazione senza troppo passato né avvenire, ma con una inflessibile attrazione verso il presente, inafferrabile, imprevedibile, disancorata dal suolo e dal tempo. In sintonia piena e pura con l'esistenza. E poi, quando finisce, arriva qualcuno a dirti: ti sia lieve la terra. Fallo tacere. Ti sia lieve la vita.

Per attraversarla, ho un unico insegnamento. Credetemi: solo bagaglio a mano.

Indice